essentials

essentials liefern aktuelles Wissen in konzentrierter Form. Die Essenz dessen, worauf es als „State-of-the-Art" in der gegenwärtigen Fachdiskussion oder in der Praxis ankommt. *essentials* informieren schnell, unkompliziert und verständlich

- als Einführung in ein aktuelles Thema aus Ihrem Fachgebiet
- als Einstieg in ein für Sie noch unbekanntes Themenfeld
- als Einblick, um zum Thema mitreden zu können

Die Bücher in elektronischer und gedruckter Form bringen das Expertenwissen von Springer-Fachautoren kompakt zur Darstellung. Sie sind besonders für die Nutzung als eBook auf Tablet-PCs, eBook-Readern und Smartphones geeignet. *essentials:* Wissensbausteine aus den Wirtschafts-, Sozial- und Geisteswissenschaften, aus Technik und Naturwissenschaften sowie aus Medizin, Psychologie und Gesundheitsberufen. Von renommierten Autoren aller Springer-Verlagsmarken.

Weitere Bände in der Reihe http://www.springer.com/series/13088

Claudia Gerhardt

Zeitlose Elemente der Führung

Psychologisch sicher führen im Wandel

Claudia Gerhardt
Hochschule Fresenius Hamburg
Hamburg, Deutschland

ISSN 2197-6708 ISSN 2197-6716 (electronic)
essentials
ISBN 978-3-658-27875-5 ISBN 978-3-658-27876-2 (eBook)
https://doi.org/10.1007/978-3-658-27876-2

Die Deutsche Nationalbibliothek verzeichnet diese Publikation in der Deutschen Nationalbibliografie; detaillierte bibliografische Daten sind im Internet über http://dnb.d-nb.de abrufbar.

Springer ist ein Imprint der eingetragenen Gesellschaft Springer Fachmedien Wiesbaden GmbH und ist ein Teil von Springer Nature.
Die Anschrift der Gesellschaft ist: Abraham-Lincoln-Str. 46, 65189 Wiesbaden, Germany

Was Sie in diesem *essential* finden können

- Einen Überblick über die Bedingungen, die das Arbeiten und Führen heute prägen
- Wichtige Folgen für den Aufbau von Organisationen und Führung in diesen
- Einblicke in Führungsstile, neue Führungsmetaphern und Rollen
- Eine Sensibilisierung für die organisatorischen und individuellen Begrenzungen und Nebeneffekte einer multioptionalen Arbeitswelt
- Eine impulsgebende Zusammenstellung wichtiger überzeitlicher Führungsaufgaben und Stärken, um mit Volatilität, Komplexität und Ambiguität umzugehen

Vorwort

Initiiert durch einen kritischen Beitrag zur „neuen Welt der Arbeit" in flachen Hierarchien, den ich gemeinsam mit einem ehemaligen Studenten der Hochschule Fresenius Hamburg auf einer Konferenz vorstellte, ist dieses *essential* zum Thema „Zeitlos Führen" entstanden. Bei der Recherche war schnell festzustellen, dass es um weit mehr als Führung in flachen Hierarchien geht, die nur *ein* Merkmal aktueller Organisationsformen sind. Insofern weitete sich der Blick auf die Frage, was aus dem Blickwinkel der Wirtschaftspsychologie zu der Frage zu sagen ist, wie Führung in instabilen, unsicheren und womöglich fragilen Umfeldern gestaltet werden kann. Hierzu will das vorliegende *essential* in der gebotenen Prägnanz Antwort geben und zugleich Ideen und Denkanstöße geben.[1]

Mein größter Dank gilt an dieser Stelle meinem Mitarbeiter Steffen Völker, der mir im gesamten Verlauf den Rücken freihielt, mich tatkräftig und klug unterstützte und viele Ideen mit mir diskutierte. Ein herzlicher Dank gilt zudem den aufmerksamen Mitarbeiterinnen des Verlags Springer, die dieses *essential* angeregt haben, meinem ehemaligen Studenten Felix Kriegeskotte für die exzellente Abschlussarbeit, auf der unser Konferenzbeitrag fußte, sowie meinen Kolleginnen Prof. Dr. Yvonne Glock und Prof. Dr. Gabriele Heitmann sowie meinem Ehemann Prof. Dr. Lars Jansen für ihren kritisch-konstruktiven Blick auf das Manuskript. Und unsere kleine Tochter Frieda hat mit ihrem ruhigen Nachtschlaf und ihrer Fröhlichkeit ebenfalls einen erheblichen Beitrag zur Entstehung dieses *essential* geleistet. Danke von Herzen an alle.

Claudia Gerhardt

[1]Aus Gründen der besseren Lesbarkeit kann es hierbei vorkommen, dass selektiv maskuline Formulierungen verwendet werden. Ich bitte, dies stets die weibliche Form einschließend zu verstehen.

Abstract

Der permanente Wandel, den die sog. VUKA-Welt mit sich bringt, stellt für Menschen und Organisationen eine große Herausforderung dar. Die aktuell diskutierten Arbeitsweisen und Organisationsmodelle unter Stichworten wie Agilität, Selbstorganisation oder Vernetztheit erfordern von allen Beteiligten ein verändertes „Mindset", eine hohe Anpassung. Führungskräften kommt dabei auch die Aufgabe zu, diesen Wandel „irgendwie" zu steuern. Doch wie kann man die Rolle der Führungskraft ausfüllen, wenn nichts stabil und sicher ist? Moden und Trends helfen hier nicht weiter. *Zeitlose Aufgaben* können ein Schlüssel sein; Aufgaben, die Führung *seit jeher* ausmachen, die aber heutzutage mehr denn je und noch konsequenter umgesetzt werden müssen: Innere Klarheit entwickeln, Grenzen setzen, Beziehungen kultivieren, ambige Situationen gestalten und Psychologische Sicherheit vermitteln. Denn eines ist auch in der turbulenten Arbeitswelt gleichgeblieben: Der Mensch.Aus Gründen der besseren Lesbarkeit kann es hierbei vorkommen, dass selektiv maskuline Formulierungen verwendet werden. Ich bitte, dies stets die weibliche Form einschließend zu verstehen.

Inhaltsverzeichnis

Über die Autorin

© Hochschule Fresenius für Management, Wirtschaft & Medien GmbH

Prof. Dr. Claudia Gerhardt
Hochschule Fresenius Hamburg
Psychology School Hamburg
Alte Rabenstraße 1
20148 Hamburg
gerhardt@hs-fresenius.de

1 Einleitung

So lange es Menschen gibt, leben und arbeiten diese in Gruppen zusammen. Kooperation und Zusammenarbeit führen zur Ausdifferenzierung von Rollen, u. a. auch einer oder mehrerer solcher, die wir „Führung“ oder „Leitung“ nennen. So alt das Phänomen, so sehr ist es ein Dauerbrenner in der Lebenswirklichkeit und in der Forschung, was „gute Führung“ ausmacht und ob und in welcher Form wir sie in der Arbeitswelt brauchen. Tatsächlich haben sich durch die immer rasanteren Veränderungen im Wirtschaftssystem der letzten 150 Jahre dauernd neue Anforderungen ergeben – an alle Menschen, die in diesem System arbeiten. Viel ist davon zu lesen, was Digitalisierung und demografischer Wandel, um nur zwei der großen Herausforderungen zu nennen, für jeden Einzelnen bedeuten. Da ist die Rede von Selbstmanagement, Resilienz, der Fähigkeit, mit Unsicherheit umzugehen u. v. m. Dies betrifft Personen, die Schlüsselpositionen einnehmen, umso stärker, zumal ihnen auch die Aufgabe zukommt, den Prozess der Zusammenarbeit „irgendwie“ zu steuern. Die derzeit oft thematisierten Ansatzpunkte über bestimmte Tools und das Schaffen von Strukturen für mehr Selbstorganisation sind dabei nur ein Aspekt. Die andere Frage zielt auf die Fähigkeiten der Betroffenen: *Wie soll man die Rolle der Führungskraft ausfüllen, wenn die Zeiten auf steten Wandel gestellt sind, wenn morgen schon anderes gelten kann als heute, wenn nichts stabil und sicher ist?* Allein der Begriff der Führung mag antiquiert und unpassend wirken in einem komplett agilen und womöglich fragilen Umfeld, suggeriert er doch das systematische Einwirken einer Einheit auf andere.

Im Zentrum dieses handlichen Buchs steht genau diese Frage. Es soll zweierlei leisten: Erstens soll ein knapper, wissenschaftlich untermauerter Überblick zu aktuellen Herausforderungen in der Arbeitswelt und Führungskonzepten gegeben werden. Zweitens soll dieses *essential* zum Denken und Reflektieren über die

C. Gerhardt, *Zeitlose Elemente der Führung*, essentials,
https://doi.org/10.1007/978-3-658-27876-2_1

führungsbezogenen Aufgaben anregen, die diese schnelllebige Zeit mit sich bringt. In diesem Buch soll das „Karussell“ nicht noch weiter angetrieben, sondern der Blick auf das ausgerichtet werden, was jenseits aller Trends und Moden hilfreich sein kann, um eine menschengerechte Führungsarbeit zu ermöglichen. Und dies lässt Aufgaben in den Blick treten, die Führung *seit jeher* ausmachen, die aber heute mehr denn je und noch konsequenter umgesetzt werden müssen. Denn eines ist eben auch in der turbulenten Arbeitswelt gleichgeblieben: Der Mensch. Das *Zeitlose* soll also in den Fokus rücken als Alternative zu hektischer Betriebsamkeit. Man kann sich nur stets neu erfinden, wenn man zumindest mit einem Bein fest verankert ist. Das Buch möchte Sie zu diesen über-zeitgeistigen Themen „führen“.

Das Vorgehen ist dabei in **vier Betrachtungsebenen** gegliedert:

Zuerst wird der Blick auf die Makroebene der Gesellschaft und Wirtschaft geworfen, um einordnen zu können, in welchen Rahmenbedingungen wir alle uns bewegen. Anschließend wird auf das gezoomt, was dies für die Gestaltung von Organisationen bedeutet, in denen wir heute arbeiten, um anschließend den Fokus auf das Thema Führung in diesen Systemen zu richten (Mikroebene). Zuletzt wird das Mikroskop auf der „Nanoebene“ auf das (führende) Individuum mit seinen Möglichkeiten gerichtet, in den genannten gesellschaftlichen und organisatorischen Umfeldern zu agieren, zu leben, zu gestalten.

2 Leben in der VUKA-Welt

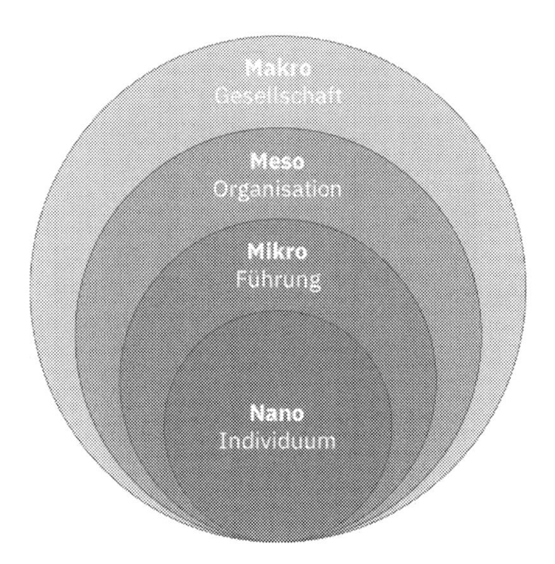

Um nachvollziehen zu können, was zum Thema Führung aktuell diskutiert wird und wo die Probleme in der Umsetzung liegen, soll sich der Blick zunächst kurz weiten und sich auf unsere (wirtschaftliche) Welt im Allgemeinen richten. Mit was haben wir es zu tun? Welchen Bedingungen begegnen wir?

Arbeitnehmer erleben derzeit einen „tiefgreifenden Bruch in der Entwicklung ihrer Arbeitsbedingungen und ihrer Beschäftigungssituation", und dies schon

C. Gerhardt, *Zeitlose Elemente der Führung,* essentials,
https://doi.org/10.1007/978-3-658-27876-2_2

seit Jahren und auf unabsehbare Zeit (Boes und Kämpf 2010, S. 613). Wer die Bedingungen, denen wir unterliegen, in Worte fassen möchte, stößt immer wieder auf das inzwischen recht bekannte Akronym VUKA (englisch *VUCA*). Die Vielzahl an Einflüssen wird anhand vierer Schlaglichter veranschaulicht. Das Kürzel steht für (vgl. z. B. Burg 2017):

- **Volatilität** (englisch: *volatility*)
  Diese bezieht sich auf Flüchtigkeit und Schwankungen durch die zunehmende Häufigkeit, Geschwindigkeit und das Ausmaß von (meist ungeplanten) Veränderungen.
- **Unsicherheit** (englisch: *uncertainty*)
  Diese entsteht z. B. aufgrund von Mangel an Wissen, weil Personen nicht klar ist, ob und wann eine Veränderung ansteht; generell nimmt die Vorhersagbarkeit von Ereignissen in unserem privaten und beruflichen Leben ab. Gründe dafür sind die Unkenntnis von Variablen sowie von deren kausalen (oder auch zirkulären) Beziehungen zueinander.
- **Komplexität** (englisch: *complexity*)
  Viele Themen sind durch zunehmende Verknüpfungen und Abhängigkeiten gekennzeichnet. Zahlreiche, teilweise unbekannte Variablen stehen in Wechselwirkungen zueinander. Eine Aktion hat Wirkungen auf sehr viele Aspekte und entsprechend unabsehbare Rückkopplungen.
- **Ambiguität/Ambivalenz** (englisch: *ambiguity*)
  Dies bezieht sich auf die Mehrdeutigkeit der Faktenlage, die falsche Interpretationen und Entscheidungen wahrscheinlicher macht.

VUKA war die Antwort des US Army War College auf den Zusammenbruch der Sowjetunion Anfang der 1990er Jahre (Bennett und Lemoine 2014). Das heißt, es handelt sich um eine Metapher des Militärs, die nun im zivilen Bereich ihren Siegeszug angetreten ist. Einerseits ist VUKA das Ergebnis, andererseits zugleich aber auch der Antreiber für Innovationen (Millar et al. 2018). Denn um Unsicherheit zu begegnen, werden wir kreativ und risikofreudiger. Der Harvard Business Manager spricht beim Thema VUKA vom Zeitalter der Jongleure, eine Metapher, die der Kunst der Gestaltung von Dynamik Rechnung trägt.

VUKA fasst demnach kurz zusammen, welche Veränderungsprozesse das Leben in den letzten Jahren prägten: Sprunghafte, disruptive Innovationen, wie z. B. das Smartphone, können etablierte Technologien rasant vom Markt verdrängen (Christensen 2011). Auf der persönlichen Ebene mag *Disruption* niemand (Radatz 2018), aber sie betrifft jeden von uns. Zukünftig könnte jeder Routine-Arbeitsplatz von Maschinen abgelöst werden. Arbeitsplatzsicherheit wird es vor allem bei Jobs geben, die ein hohes Maß an Kreativität benötigen, bei denen mit unvorhersehbaren Herausforderungen und Emotionen von Menschen umgegangen werden muss (Tegmark 2017).

Dabei ist eine Welt der Unsicherheit und Ungewissheit nochmals zu unterscheiden von einer *risikoreichen* Welt (vgl. Gigerenzer und Selten 2001). „In einer Welt bekannter Risiken weiß man alles, einschließlich der Wahrscheinlichkeiten, mit Gewissheit. Hier reichen statistisches Denken und Logik aus, um gute Entscheidungen zu treffen. In einer ungewissen Welt ist nicht alles bekannt und lässt sich die beste Option nicht berechnen. Da sind zusätzlich gute Faustregeln und Intuitionen erforderlich." (Gigerenzer 2013, S. 38). Demnach gilt in ungewissen Welten eher das Motto „Weniger ist mehr" (vgl. Abschn. 4.4.1).

3 Arbeiten in der VUKA-Welt: Folgen für Organisationen

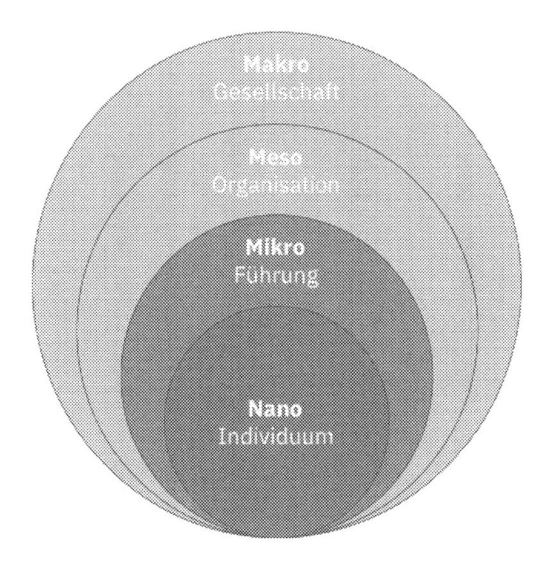

Die Entwicklungen auf technologischer und gesellschaftlicher Ebene führen auch in den Unternehmen und Organisationen zu einem Veränderungsdruck auf Unternehmensstruktur, -kultur und Führung gleichermaßen. In der Managementliteratur zeigt sich schon seit längerer Zeit an der Fülle der Publikationen, dass sich viele schlaue Köpfe Gedanken machen, wie wir angemessen auf die sogenannte *Arbeitswelt 4.0* reagieren können. Schon in den 1980-er Jahren war Führung und Management in Unsicherheit und Komplexität auf der Agenda u. a.

C. Gerhardt, *Zeitlose Elemente der Führung*, essentials,
https://doi.org/10.1007/978-3-658-27876-2_3

des Ökonomen und Managementberaters Fredmund Malik (1984, 2014). Seit Jahren steht der Abbau von Hierarchien und das Einführen von projektartigen Kollaborationen innerhalb von Unternehmen, die ohne *klassische* Führungskräfte agieren, im Zentrum (Gebhardt und Häupl 2012; Müller 2013).

Die wesentlichen Prinzipien neuer Organisationen sind nach Kühl (2015b):

- **Auflösung funktionaler Differenzierung**
  Beobachtet werden kann eine Abkehr von der Untergliederung eines Unternehmens in Abteilungen. Die ehemals funktional zergliederten Arbeitsprozesse werden jetzt um Produkte oder besser um Prozesse herum angesiedelt.
- **Verflachung von Hierarchien**
  Die Verstetigung von Macht in Hierarchien erscheint bei unruhigen, instabilen Umwelten kontraproduktiv, weil dadurch Entscheidungsprogramme und Kommunikationswege festgezurrt werden. Durch flachere Hierarchien kommt es zu einem konsequenten Ausbau der Durchlässigkeit zwischen den verbleibenden Ebenen.
- **Dezentralisierung**
  Planung und Kontrolle sollen so nah wie möglich am Kunden angesiedelt werden. Die Quelle der Wertschöpfung wird von der eigentlichen Produktion zum Kunden verlagert, den operativen Einheiten wird mehr Autonomie und Selbstverantwortlichkeit zugestanden.

Alternative Bilder oder Metaphern von Organisationen sind entstanden (Morgan 2008): Dabei hat sich die systemische Perspektive auf Organisationen inzwischen sehr weit etabliert (vgl. z. B. König und Volmer 2018). Organisationen werden verstanden als komplexe Systeme, die in Interaktion mit ihrer relevanten Umwelt stehen. Ihre Kernoperationen sind bestimmte kommunikative Akte, nämlich Entscheidungen. Ausgegangen wird dabei von einer grundsätzlichen Fähigkeit jedes Systems, sich selbst zu regulieren. Anknüpfend hieran kann eine Organisation als Organismus betrachtet werden, der sich im ständigen Austausch und Formwandel befindet (Kruse und Greve 2014). Als Resultat entstehen neue Formen von Organisationen, wie z. B. die inzwischen weit bekannte „Holokratie" (Robertson 2016), die mit einem Auflösen klassisch hierarchischer und linearer Strukturen einhergehen. Stattdessen entstehen temporäre, agile, eher zirkuläre Strukturen, die sich beispielsweise nach Ende eines Projektes auch wieder auflösen (v. Ameln 2018). Wer hierüber mehr erfahren möchte, sei auf das einschlägige Werk „Reinventing

Organizations" von Laloux (2015) verwiesen, in dem er ein Organisationsmodell beschreibt, das Strukturen wie Praktiken nach evolutionär-integralen Prinzipien ausrichtet. Diese sogenannte *Teal Organization* zeichnet sich dadurch aus, dass Entscheidungen dezentralisiert werden, nur wenige Stabsfunktionen verbleiben, dafür aber wechselnde Rollen, Ad-Hoc-Meetings und voll transparente Echtzeitinformation auch über Finanzen eingeführt werden (vgl. Kasten „Jazzband").

Metapher postbürokratischer Organisationen: Jazzband (Burow 2015)
Eine Jazzband braucht keinen Dirigenten. Jeder hat seine Aufgabe, aber wie er sie umsetzt, bleibt ihm überlassen. Voraussetzung: Jeder beherrscht sein Instrument, hört auf die anderen und ist in diesem Sinne achtsam. Bei jedem Stück gibt es Improvisationsteile, die niemals gleich klingen und beim Spielen verkürzt oder verlängert werden können. Im Vergleich zum Orchester ist eine Jazzband viel flexibler und weniger anfällig gegenüber Störungen. Jeder nimmt teil, alle treten wechselseitig in den Vordergrund. Dennoch gibt es für eine bestimmte Art Musik nach wie vor auch Orchester.

Grundbaustein neuer Organisationsformen sind zumeist verschieden organisierte Teams, die als relativ autonome Gruppeneinheiten sinnvoll miteinander verknüpft und in Austausch gebracht werden müssen. Macht man für die Einordnung von Organisationen die beiden Pole „vollkommen gesteuert" bis hin zu „komplett selbstorganisiert" auf, so finden sich in realen Organisationen zahlreiche Ausprägungen zwischen den Polen, z. B. „autonom in definiertem Rahmen" oder „geführt mit Handlungsspielräumen" (Arnold 2016). Auf eine vollständige Selbstorganisationsfähigkeit von Netzwerken setzen bislang eher wenige Unternehmen (aber es gibt sie, vgl. Laloux 2015).

Was in der Beraterliteratur teils als umwälzende Neuheit präsentiert wird, ist so neu nicht: Bereits 1941 hatte Managementvordenkerin Mary Parker Follett die Idee, vertikale in horizontale Autorität umzuwandeln (vgl. Kühl 2015a). Auch die Internet-Start-ups der New Economy sahen ihre Organisationsformen als zentral für ihren Erfolg an. Der anhaltende Trend heißt: Weg von den Hierarchien und hin zu gewissen Formen der Demokratisierung und – mit viel Glück und Idealismus – Begegnungen auf „Augenhöhe" (Trebien 2014; siehe Kasten „Filmtipps"). Auch diese Idee hat ihre Vorläufer: Der Grundgedanke der Genossenschaften war und ist, dass sich das Unternehmen im Besitz der Mitarbeiter befinden sollte. Und auch das Thema „Fürsorge" erlebt eine Renaissance. So findet sich neben der agilen Organisation auch der Begriff der „Caring Companies" (Fraunhofer IAO 2013).

Diese versuchen aktiv, den Bedürfnissen ihrer Mitarbeiter, z. B. der Vereinbarkeit von Arbeit und Familie, hohes Gewicht einzuräumen und blicken insofern partnerschaftlich auf die Belegschaft. Vielfältige Zusatzleistungen werden angeboten, nicht nur für den Mitarbeiter selbst, sondern für dessen gesamte Familie, um so die Bindung ans Unternehmen zu stärken.

Filmtipps

Augenhöhe
Die Unternehmensberatung Trebien & Partner Consulting mit Sitz in Berlin hat im Jahr 2014 das Projekt „Augenhöhe" ins Leben gerufen. Idee ist, Unternehmen und Mitarbeiter vorzustellen, die sich auf Augenhöhe in ihrem Arbeitsalltag begegnen und bestimmte Abläufe, Prozesse und besonders Umgangsweisen anders machen als andere Unternehmen.
https://augenhoehe-film.de/

Die stille Revolution
Kristian Gründling porträtiert in diesem Film die sich wandelnde Arbeitswelt im dokumentarischen Stil am Beispiel des Unternehmens Upstalsboom. Experten aus Gesellschaft, Wissenschaft und Wirtschaft begleiten seine Beobachtungen. U. a.: Prof. Dr. Gerald Hüther (Neurobiologe), Pater Anselm Grün (Autor „Führen mit Werten"), Thomas Sattelberger (Personalvorstand a. D. Telekom).
https://www.die-stille-revolution.de/

Work hard, Play hard
Carmen Losmann hat einen Film über moderne Arbeitswelten gemacht, in denen die Grenzen zwischen Arbeit und Lifestyle ein gutes Stück verschwinden sollen. Der Film heftet sich an die Fersen einer High-Tech-Arbeiterschaft, die hochmobil und möglichst enthusiastisch ihre Arbeit zum Leben machen soll. Entstanden ist ein irritierendes Porträt dieser Arbeitswelt.
http://www.workhardplayhard-film.de/

Enthierarchisierung und Dezentralisierung bergen nach Kühl (2015a) allerdings auch ungewünschte Nebeneffekte bzw. Gefahren, da Organisationen ihren inneren Zusammenhang verlieren können. So kann es sein, dass die Mitarbeiter u. U.

ein klares Bild der Organisation verlieren **(Identitätsdilemma).** Aus psychologischer Sicht spielt das Bedürfnis nach Zugehörigkeit aber eine wichtige Rolle: Menschen möchten sich mit etwas identifizieren. Aber was, wenn dieses „Etwas" nicht mehr klar erkennbar ist? Zudem können durch unübersichtliche Machtverhältnisse Unsicherheitszonen entstehen, die Raum für eine Politisierung freigeben **(Politisierungsdilemma):** „Die verflüssigten Strukturen begünstigen die inneren Konkurrenzen und sind manchmal Nährboden für heftige Machtkämpfe." (Mintzberg 1979, S. 462). Glaubt man der VUKA-Metapher, dann wird sich die derzeitige Lage in der (wirtschaftlichen) Welt verunsichernd auf Organisationen auswirken. „Je stärker und dynamischer die Konkurrenten, je umkämpfter die Märkte, je breiter gestreut und anspruchsvoller die Kunden, desto größer ist die Komplexität der äußeren Umwelt einer Organisation" (Kühl 2015a, S. 46). Organisationen reagieren hierauf mit einer Erhöhung der eigenen Komplexität (**Komplexitätsdilemma;** vgl. Luhmann 2000; Mintzberg 1979). Dass es demnach auch positive Funktionen von so etwas verstaubt Anmutendem wie Hierarchie gibt, ist im folgenden Kasten zu lesen.

Positive Funktionen von Hierarchie

Hierarchie hat eine Reihe nicht zu unterschätzender positiver Funktionen (Kriegeskotte 2015): Sie bildet einen Koordinierungs- und Steuerungsmechanismus. Kommt es z. B. zu Krisen, ist die Hierarchie oft Mittel der Wahl, um eine Organisation auf einem stabilen Kurs zu halten (Kühl 2011). Sie hilft, Konflikte zu regulieren und zu schnellen Entscheidungen zu kommen. Dazu gibt Simon (2011) das Beispiel des Notarztes, der nicht lange diskutieren kann, ob er denn nun die verwundete Arterie abbinden soll oder nicht (Simon 2011). Zudem vermeidet Hierarchie Machtkämpfe und kann helfen, Unsicherheit zu reduzieren. Eine hierarchische Struktur impliziert zudem, dass es richtungsweisende und steuernde Mitarbeiter gibt, die eine Organisation führen. Lorenz und Rohrschneider (2014, S. 2–3) formulieren zugespitzt: „Ob es der Alpha-Rüde im Wolfsrudel, der Silberrücken bei den Berggorillas oder der Leiter der Projektgruppe ist – Führung begegnet uns überall. Die Vertikalität beziehungsweise Hierarchie ist das wesentliche und nicht wegzudiskutierende Merkmal der Führungsbeziehung." Die Intensität und Unidirektionalität sind dabei natürlich diskutabel.

Summa summarum lässt sich festhalten, dass Unternehmen heute eine große Vielfalt an Arbeitsmodellen und Organisationsdesigns nutzen können und auch aushalten müssen. Es gibt keinen Königsweg mehr. Verschiedene

Organisationsformen werden in einem Unternehmen parallel existieren (Grabmeier 2016). Auch die bisherigen Formen haben durchaus nicht ausgedient, sie sollten aber stets reflektiert und angepasst werden. Die Betroffenen müssen sich demnach mit paradoxen Anforderungen auseinandersetzen, und der Umgang mit den genannten Dilemmata lässt sich auch als eine Führungsaufgabe betrachten (Kühl 2015a). Gefragt ist eine intelligente Mischung von Routinen und Programmen mit der Öffnung für Veränderungen, auch als *Ambidextrie* bezeichnet, übersetzt Beidhändigkeit (Creusen et al. 2017; O'Reilly III und Tushman 2008). Es geht um zwei Säulen: Tempo, Vernetzung, Experimentierfreude auf der einen Seite und Routinen, Standards, Risikomanagement und – ja – auch Hierarchie auf der anderen Seite. Insofern werden zahlreiche Varianten „dualer Betriebssysteme" mit einer je eigenen, möglichst gut aufeinander abgestimmten Kombination aus traditioneller Hierarchie und dynamischem Netzwerk alltäglich sein (Kotter 2014). Letztlich stimmt auch für Organisationen, was für Bademoden gilt: Mix and match clever.

4 Führen in der VUKA-Welt – nur wie?

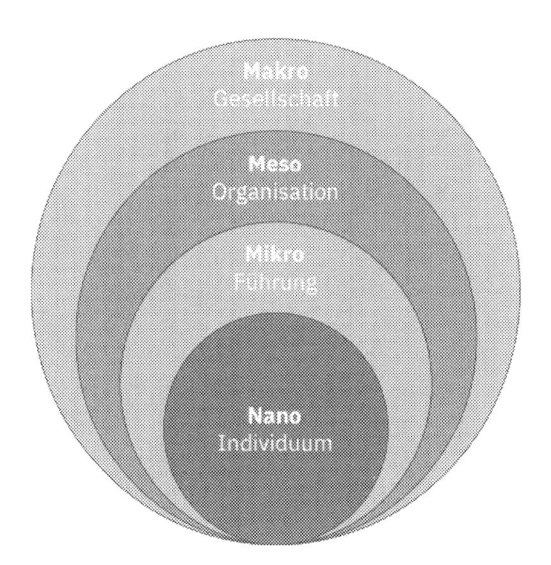

In diesen Rahmenbedingungen bewegen wir uns derzeit als arbeitende Menschen, in welchen Funktionen und Rollen auch immer. Führung – soweit noch im klassischen Wortsinn als Metapher nutzbar – lässt sich als eine Rolle verstehen, die wir übernehmen können (Grabmeier 2016). Rollen lassen sich unterschiedlich verstehen, ausfüllen und ausdifferenzieren. Als Führungskraft kann ich auch verschiedene Rollen für das Team übernehmen (als Kontrolleur, als Coach, als Feedbackgeber u. v. m.).

C. Gerhardt, *Zeitlose Elemente der Führung*, essentials,
https://doi.org/10.1007/978-3-658-27876-2_4

Radikale Ideen gehen so weit, die klassische personale Führung zu Grabe zu tragen. Führung wird dabei als rein organisationale Führung verstanden, die das gesamte System im Blick hat und das Zusammenspiel der Elemente ermöglicht (Müller-Friemauth 2018). Dies soll weder über klassische Management-Tools noch über „Weisung" geschehen, sondern durch den Einsatz von spezifischen Kommunikationstechnologien, Wissen aus der Verhaltensökonomik und qua komplexitätswissenschaftlicher Entscheidungshilfen. Damit verlagert sich die Führung ins System. Doch selbst der IT-Riese Google, der mit äußerst flachen Hierarchien experimentiert hat und davon ausging, keine Führungskräfte mehr zu brauchen, musste erfahren, dass „Managers still matter" (Foss und Klein 2014). Menschen haben nach wie vor am liebsten mit Menschen zu tun. Es ist davon auszugehen, dass individualisierte Führung auf lange Sicht nicht obsolet wird.

In turbulenten, unsicheren Zeiten ist es jedoch alles andere als einfach zu bestimmen, wie eine sinnvolle, geschweige denn an was auch immer gemessene „gute" Erfüllung der personalen Führungsrolle aussehen kann. Nach van der Steege (2017) ist Führungsverhalten aber immerhin ein Faktor, auf den Unternehmen überhaupt Einfluss nehmen können. Und es ist ein zentraler Punkt, denn einer der wichtigsten Gründe, entweder innerlich oder sogar faktisch zu kündigen, ist ein schlechtes Verhältnis zum Vorgesetzten (z. B. Nink 2018). Demnach stimmt es: Mitarbeiter verlassen weniger ihre Unternehmen, sie verlassen ihre Führungskraft. Und das gilt es zu verhindern.

Führungskräfte können angesichts der VUKA-Welt aber nicht einfach in Lethargie verfallen, sondern sind gefordert, zu agieren und zu gestalten. Zum einen müssen sie selbst als Arbeitnehmer mit dem steten Wandel umgehen. Zum anderen sollen sie diesen vorantreiben bzw. die Mitarbeiter zu produktivem Arbeiten befähigen (Pinnow 2012). Die Komplexität in der Außenwelt führt auch zu einer Diversifizierung der Ideen von Führung, wie im Folgenden gezeigt wird. Drei mögliche, sich von verschiedenen Seiten an das Thema annähernde Optionen sollen als synoptischer Überblick vorgestellt werden, bevor in Abschn. 4.4 der Frage nachgegangen wird, warum es so schwer ist, dieses Wissen umzusetzen.

1. Die Suche nach **neuen Metaphern** (Kruse und Schomburg 2016).
2. Die Entwicklung neuer und inzwischen sehr ausdifferenzierter **Führungsstile.**
3. Die Auf- bzw. Verteilung unterschiedlicher **Dimensionen von Führung.**

4.1 Neue Führungsmetaphern

Zum Ersten kommen bisherige Erfahrungen, Glaubenssätze und Paradigmen auf den Prüfstand, da es nicht mehr den *einen* Weg oder *das* Führungsinstrument gibt. Individualität löst auch hier Standardisierung ab. Einige ausgewählte **Narrative, Metaphern und Rollenbilder,** die derzeit diskutiert werden, seien kurz vorgestellt:

- **Navigieren statt führen**
  Eine oft herangezogene Metapher entstammt der Schifffahrt. „Führungsarbeit hat künftig mehr mit Navigieren als mit Steuern zu tun: Das Ermöglichen steht im Mittelpunkt. Enabling meint, Räume zu öffnen, Chancen zu schaffen, Unterstützung anzubieten, damit sich Mitarbeiter weitgehend selbst organisieren können“ (Kühmayer 2015).
- **Einfluss nehmen statt Macht ausüben**
  Formale Führung soll durch (Achtung, jetzt kommt etwas eher altmodisch Anmutendes) *natürliche Führung* ersetzt werden, durch fachliche und persönliche Autorität und eine positive, vertrauensvolle Beziehung (von Ameln 2018).
- **Zum Knotenpunkt werden** innerhalb einer lernenden dynamischen Gruppe (Herzog 2018) – zur Schnittstelle in einem Netzwerk; es lässt sich auch eine Parallele zu neuronalen Verbindungen ziehen, indem die Aufgabe darin besteht, wechselnde Verbindungen unterschiedlicher Stärken herzustellen. Insofern gilt in Analogie zur Aussage „Neurons that fire together, wire together“ (Hebb 1949), dass durch Kooperation neue Personen- und Wissensnetzwerke entstehen.
- **Postheroisch führen**
  Vašek (2016) unterscheidet zwischen heroischer und postheroischer Führung. In einer Welt, die immer komplexer wird, seien Chefs gefragt, die nicht nur ihre Ziele, sondern auch sich selbst infrage stellen. „Wer wirklich führen will, muss auch bereit sein, sich führen zu lassen“ (ebd., S. 6).
- **Gemeinsam statt einsam**
  Führung bedeutet im digitalen Wandel eine neue Haltung des „Wir gemeinsam“ (Creusen et al. 2017). Mitarbeiter werden zu Mitspielern, (quasi-) demokratische Prinzipien werden implementiert, indem Mitarbeiter selbst neue Kolleginnen und Kollegen einstellen, am Gewinn beteiligt werden und über Arbeitszeit und Urlaub mitbestimmen. Auch kann es sinnvoll sein, Führungspositionen nicht mehr permanent, sondern temporär zu besetzen. Neue, spiralförmige Karrieren sind denkbar (Arnold 2016).

4.2 Führungsstile

Ein zweiter Ansatz ist die Konzeption bestimmter **Führungsstile.** *Führungsstil* wird dabei verstanden als die Art und Weise, wie ein einzelner Vorgesetzter seine Aufgaben umsetzt und seinen Mitarbeitern begegnet. In der Literatur wird auf die Komplexitätserhöhung ebenfalls mit Diversifizierung reagiert, und es werden fast unüberschaubar viele Führungsstile diskutiert. Dabei ist die „transformationale Führung" inzwischen ein echter *New Classic.*

Tab. 4.1 stellt eine Auswahl aktuell diskutierter Konzepte vor, die vermutlich für die *Führungspraxis* nur bedingt hilfreich sind. Denn empirische Befunde sprechen dafür, dass unterschiedliche Aspekte des Führungsverhaltens auf unterschiedliche Aspekte des Führungserfolgs wirken (Gebert 2002). Ein guter Führungsstil ist demnach nicht ein-, sondern mehrdimensional, denn je nach Beschaffenheit der Aufgabe, der Gruppe der Geführten oder anderer Umstände kann und wird eine andere Art von Führungsstil erfolgreich sein. Die Kunst ist es, die Situation angemessen zu analysieren und das Verhalten flexibel an diese Analyse anzupassen (vgl. z. B. die bereits 1969 konzeptualisierte Theorie nach Hersey und Blanchard). Grundsätzlich ist davon auszugehen, dass die einzelnen Führungsstile je spezifische Akzente setzen, die immer in irgendeiner Weise auf die beiden klassischen Dimensionen „Mitarbeiterorientierung" und „Aufgabenorientierung" einzahlen (Stogdill 1972; vgl. Kasten).

Ein Klassiker der Führungsforschung: Die Ohio-Studien
Zwei unabhängige Dimensionen wurden in Faktorenanalysen relativ regelmäßig als basale Aspekte des Führungsverhaltens gefunden (Stogdill 1974): Consideration, mit praktischer Besorgtheit oder Mitarbeiterorientierung übersetzt, sowie Initiating structure: Aufgaben-, Leistungs- oder Zielorientierung. Sie überzeugen auch aus sozialpsychologischer Sicht, denn in einer zielorientierten Gruppe geht es um den Zusammenhalt der Teilnehmer und die gemeinsame Bewegung auf ein Ziel hin (Lokomotion). Eine situationsunabhängige Überlegenheit des einen oder anderen Stils kann dabei nicht angenommen werden.

Tab. 4.1 Aktuelle Führungsstile

Führungsstil	in a nutshell: „Führen heißt…“	5 zentrale Begriffe:
Transformationale Führung *(z. B.: Bass 1985)*	„…die Vorbildfunktion ernst zu nehmen, um so die Werte, Einstellungen und Ziele der Mitarbeiter zu transformieren.“	• Idealisierte Einflussnahme • Inspirierende Motivation • Intellektuelle Anregung • Individuelle Unterstützung • Vision, Sinn, Bedeutung
Lösungsfokussierte Führung *(z. B.: McKergow und Clarke 2005)*	„…eine Lösungssprache zu entwickeln, indem wir Funktionierendes, Positives, und Ausnahmen fokussieren.“	• Lösungen statt Probleme • Vertrauen statt Kontrolle • Positive Zielvorstellungen • Gestaltungsfreie Zielerreichung • Intrinsische Motivation
Positive Führung *(z. B.: Cameron 2008)*	„…jeden Mitarbeiter individuell zum Aufblühen zu bringen, indem wir Stärken identifizieren und kultivieren.“	• Stärken- und Ressourcenorientierung • Engagement, Flow, Zielerreichung • Positives Organisationsklima • Vertrauensvolle Beziehungen • Wertschätzung
Achtsame Führung *(z. B.: Reb et al. 2014)*	„…mental präsent zu sein und einen klaren Blick für den Moment und unsere Mitarbeiter zu haben.“	• Innere Klarheit • Bewusstes Wahrnehmen • Ehrliches Interesse • Mitbeteiligung, Mitverantwortung • Stressbewältigungsstrategien
Dienende Führung *(z. B.: Greenleaf 1991)*	„… mich selbst zurückzunehmen und die Bedürfnisse meiner Mitarbeiter als höchstes Gut zu betrachten.“	• Wohlbefinden der Mitarbeiter • Individuelles Wachstum • Demütiges Fragen • Hilfe und Befähigung • Selbstbestimmung statt Kontrolle

(Fortsetzung)

Tab. 4.1 (Fortsetzung)

Führungsstil	in a nutshell: „Führen heißt…“	5 zentrale Begriffe:
Ethische Führung *(z. B.: Reilly 2006)*	„…vor Entscheidungen zu reflektieren, welche ethisch-moralischen Prinzipien Berücksichtigung finden müssen.“	• Selbstreflexion und -erkenntnis • Folgenabschätzungen • Integrität • Transparente Entscheidungen • Internalisierter moralischer Kompass
Agile Führung *(z. B.: Medinilla 2012)*	„…zu ermöglichen, dass Mitarbeiter und Organisation in einer schnellen Welt flexibel und handlungsfähig bleiben.“	• Prozessnahe Entscheidungen • Selbstorganisierte Teams • Intensiver Austausch mit Stakeholdern • Schnelles Lernen • Aufgabenzentrierte Kommunikation
Digitale Führung *(z. B.: Creusen et al. 2017)*	„…Digitalkompetenz zu beweisen und aktiv in Zeiten von Digitalisierung und Transformation zu gestalten.“	• Digitale Geschäftsmodelle • Data Literacy • Markt- und Kundenorientierung • Rapid Prototyping • Agile Arbeitsmethoden
Geteilte Führung *(z. B.: Pearce und Conger 2003)*	„…Führungsverantwortung abzugeben und komplementär auf mehrere Schultern zu verteilen.“	• Geteilte Verantwortung • Kollaborative Entscheidungen • Führung durch Teammitglieder • Dynamische, temporäre Führung • Vielfalt als Stärke
Resonante Führung *(z. B.: Goleman et al. 2004)*	„…emotionale Selbstklärung zu forcieren, um so empathisch, ausgleichend und sozial sensibel gestalten zu können.“	• Selbstreflexion und Selbstbewusstheit • Emotionale Balance • Soziale Achtsamkeit • Sensibilität • Empathisches Reagieren

4.3 Führungsdimensionen

Zum Dritten lässt sich überlegen, verschiedene Führungsaufträge nicht mehr in Personalunion einer disziplinarischen Führungskraft zuzuordnen, sondern **verschiedene Rollen auf verschiedene Personen zu verteilen** (vgl. Schmid 2014).

- Rolle des *Organisationsentwicklers:* Hierzu gehört das Erschaffen attraktiver Zukunftsbilder und die Weiterentwicklung der Unternehmensstruktur und -kultur.
- Rolle des *Prozessmanagers:* Planung, Organisation, Controlling gehören hier ebenso dazu wie das Nachhalten von Ergebnissen und Erfolgen.
- Rolle des *Experten und Thementreibers:* Fachliche Steuerung von Projekten und Themen, Treiben fachlicher Innovationen und Sicherung von Wissens- und Qualitätsmanagement.
- Rolle als *persönliche Führungskraft:* Mitarbeiter und Teams befähigen und entwickeln, Förderung der Teamkultur und Ermöglichen von Selbstverantwortung.

Klassischerweise sind die meisten Führungskräfte als „Experten“ in ihre Rolle geraten und durften respektive mussten in der Linienorganisation alle Funktionen übernehmen. Im Prinzip stellt dies eine fast unmögliche Aufgabe dar, zugleich im Detail Know-How zu haben, für Abläufe, Planung, Ziele und Prozesse zuständig zu sein, Mitarbeiter individuell zu begleiten und den Blick über den Tellerrand und die eigene Zeit hinaus zu richten. Teilweise sind die Rollenanforderungen diametral ausgerichtet. Kein Wunder, dass dies also nicht immer gelingt und zu einer Rollenüberlastung führen kann. Die Person gehört im Prinzip *zu vielen* Sub-Systemen an, die zeitgleich bedient werden müssen (Beer 1984). Warum also nicht hier ansetzen und Führung gemäß verschiedener Rollen (oder Anforderungen von Sub-Systemen) verteilen? Verteilte Führung meint dann, dass unterschiedliche Aufgaben auf unterschiedliche Führungsrollen oder das Team verteilt werden; Führung wird in Aufgaben statt in Positionen gedacht. Auch diese Idee findet sich in der Praxis und wird z. B. von Otto (GmbH & Co KG) erprobt, indem neben „klassischen“ disziplinarischen Führungsrollen im agilen Kontext Rollen entstehen, die Teile bestimmter Führungsaufgaben abdecken, z. B. die Rolle des „People Lead“ als jemand, der nur disziplinarische, aber keine fachliche Verantwortung hat.

4.4 „Gute" Führung ... Verdammt zum Scheitern?

Offenbar wissen wir demnach aus Organisations- und Führungsforschung eine ganze Menge, und an Ideen mangelt es nicht. Woran mag es liegen, dass wir dieses Wissen scheinbar so schlecht in die Umsetzung bekommen? Die VUKA-Welt öffnet Möglichkeitsräume, Multioptionalität bietet viele Spielwiesen und Entwicklungschancen. Solche multiplen Transformationen mit der damit einhergehenden Unsicherheit und Ambiguität führen andererseits leicht und verständlicherweise dazu, dass Individuen die notwendige Orientierung und Stabilität vermissen und Stress empfinden (Starker und Peschke 2017). Welche kognitiven und emotionalen Aspekte kommen uns in die Quere bei der Nutzung der neuen Möglichkeiten? Sind wir, provokant gefragt, zum Scheitern verdammt?

4.4.1 Kognitive Hindernisse

Nach Lenz (2019) könnte für die aktuellen Herausforderungen ein Unterschied zu bisherigen Veränderungsprozessen darin liegen, dass das Prinzip der *Assimilation* nicht mehr ausreicht. Unter diesem von Jean Piaget entwickelten Prinzip, wie Menschen Wissen aufbauen, ist zu verstehen, dass neue Informationen mithilfe des bisherigen Wissens oder Kenntnisstandes interpretiert und abgespeichert werden (Piaget 1975). Zur Problemlösung konnte beispielsweise im Change-Management bislang häufig auf die Neukombination persönlicher bisheriger Erfahrungen aufgebaut werden. Letztlich handelte es sich bei diesen Entwicklungen aber fast immer um *Assimilation:* „Schema F" wurde nochmals ähnlich angewandt. Doch was, wenn dies nicht mehr ausreicht, um die Anforderungen bewältigen zu können? Dann wird ***Akkomodation*** nötig, also eine Anpassung, Erweiterung bzw. Veränderung der kognitiven Organisationsstrukturen (Schemata) in Richtung auf eine Angleichung an die Umweltanforderungen (vgl. Piaget 1975). Neue Sichtweisen über das Funktionieren der Welt müssen entwickelt werden (Sulz et al. 2013). Hierbei „[...] tritt die häufig bittere Erkenntnis ins Leben, dass die bisherigen Erfolgsmuster am Ende sind. Neue Handlungsstrategien sind noch nicht erschlossen. *Akkommodation* erfordert aber, rational und emotional Abschied zu nehmen von bisherigen Bewältigungsstrategien" (Lenz 2019).

Neujustierung wird nun Dauermodus, was als anstrengend erlebt wird. Denn es beginnt schon damit, dass wir in keiner Weise ein rational kalkulierender Computer sind, der über eine unendlich hohe Verarbeitungsgeschwindigkeit verfügt, wie es das lange dominante Modell der Ökonomie – das Bild des Homo Oeconomicus – annimmt (vgl. Gerhardt 2005). Wir Menschen sind einerseits teils sehr geschickte kognitive Faulenzer, die es sich leicht machen wollen, andererseits tun wir uns mit bestimmten Mechanismen wirklich schwer, selbst, wenn wir den Aufwand betreiben wollen. Unser „Steinzeit-Gehirn" ist nicht für eine Welt dieser Geschwindigkeit und Komplexität gemacht. Oder anders gesagt: Es hat kluge und nicht als „Fehler" zu betrachtende Mechanismen entwickelt, um dennoch schnell entscheiden zu können. Wir verfügen über verschiedene Denksysteme: ein intuitives und ein rationales, und das intuitive ist weitaus mächtiger als das rationale (vgl. Kahneman 2016). Die Psychologie weiß schon lange um die vielfältigen mentalen **Daumenregeln (Heuristiken),** die Menschen im Alltag anwenden, um auf schnellem und einfachem Wege zu – teils richtigen und teils falschen – Entscheidungen zu gelangen.

4.4.2 Emotionale Hindernisse

Multioptionalität geht mit der berühmten „Qual der Wahl" einher, die es wirklich gibt – wenn man eine Entscheidung getroffen hat, obwohl die Alternativen ebenfalls attraktiv waren, tritt sogenannte *kognitive Dissonanz* auf. Diesen Zustand empfinden Menschen als unangenehm, und für seine Reduktion muss Energie aufgebracht werden (Festinger 2012). „Hätte ich nicht doch besser diesen Weg gewählt?" ist eine Frage, die quälen kann. Die negativen Gefühle lösen **emotionalen Stress** aus, der bewältigt werden muss. Eine Chance verpasst zu haben, ist eine Wahrnehmung, die schmerzt, und Reue, etwas nicht getan zu haben, kostet Kraft (Gilbert 2008).

Psychologisch betrachtet erfüllt unsere heutige Welt scheinbar perfekt die Voraussetzungen für das Empfinden einer (erlernten) Hilflosigkeit (Seligman et al. 1999) – mit der Folge von Resignation, Passivität, Depression oder einem Aufreiben und Weitermachen bis hin zur völligen physischen und psychischen Erschöpfung. Und tatsächlich deuten die Zahlen der Krankenkassen auf eine Zunahme psychischer Erkrankungen hin (Badura et al. 2018). Menschen brauchen ein gewisses Maß an **wahrgenommener Kontrolle,** um überhaupt zu handeln und psychisch gesund zu bleiben. Dabei ist die subjektive Wahrnehmung relevant, nicht die tatsächliche Einflussmöglichkeit (Langer 1975). Gerade für Menschen in gestaltender Rolle ist ein moderates Maß an Kontrollillusion notwendig, denn ohne den Optimismus, etwas bewirken zu können, handelt der Mensch nicht.

Situationen hingegen, die sich unseren Bewältigungsmöglichkeiten entziehen, können ein Gefühl der Bedrohung auslösen. **Furcht** ist dabei ein evolutionär alter und grundsätzlich überlebenswichtiger Mechanismus (vgl. Mierke und v. Amern 2019). Er verhindert, dass wir in gefährlichen Situationen zu viel Zeit mit komplizierten Abwägungen verbringen. Egal, ob man nun den Impuls hat zu flüchten, „einfriert" oder körperliche Nähe zur Stressreduktion aufsucht: Die ausgelösten Mechanismen begünstigen Kurzschlussreaktionen und Schutzimpulse – nicht gerade Bedingungen, unter denen man frei und inspiriert agiert (Der aktive Umgang mit Angst wird in Abschn. 5.5 tiefergehend thematisiert).

Für Menschen in Schlüsselpositionen steht gefühlt – besonders dann, wenn sie eher traditionell in ihrem Rollenverständnis geprägt sind – einiges auf dem Spiel. In der agilen Arbeitswelt sehen sich Führungskräfte Situationen ausgesetzt, die zu Macht- und Statusverlust und möglicherweise Vertrauensverlust führen können. Ein ernst zu nehmendes Hindernis zur Umsetzung „moderner" Führungsansätze ist daher das **Bedürfnis nach und der Umgang mit Macht.** Führungskräfte sollen zu Prozessberatern werden, noch dazu die Mitarbeiter coachen: Damit verlieren sie gefühlt an Status und vor allem an Hoheitswissen. Studien attestieren Managern in Konzernen eine ausgeprägte Machtmotivation, die offenbar (bislang?) für einen Aufstieg förderlich ist (Winter 2002). Hier zieht die systemische Prägung offenbar qua Selbstselektion einen bestimmten Typus Mensch an.

Durch die hohe Geschwindigkeit der Märkte sowie durch die generelle Öffnung von relevanten Unternehmensentscheidungen nach innen und außen können Fehlentscheidungen besonders harte Konsequenzen haben. Zudem können sie stärker im Fokus der Öffentlichkeit bzw. des eigenen Netzwerkes stehen. Angst vor Gesichtsverlust und **Scham** kommen ins Spiel, man könne als „Versager" oder „Verlierer" dastehen. Damit steht die Sorge im Raum, aus der Gemeinschaft ausgeschlossen zu werden. Dies führt zu ungünstigen Vermeidungsstrategien.

5 Zeitlos Führen – was die (Organisations-)Welt im Innersten zusammenhält

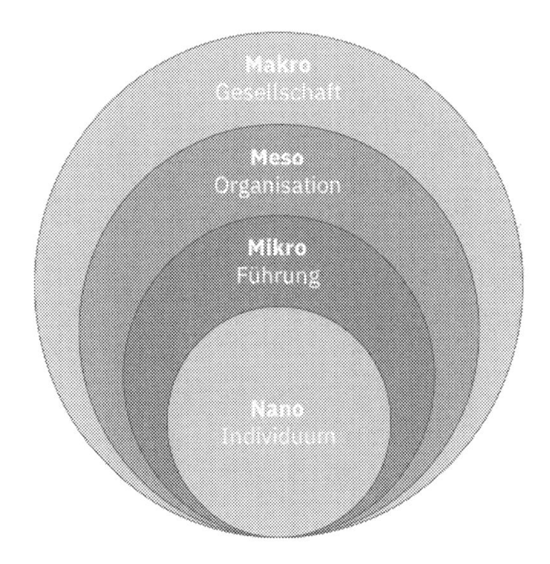

Wir leben, arbeiten und wirken zurzeit also in einer Welt des Wandels, welche unser organisations- und führungspsychologisches Verständnis mächtig herausfordert – mit der Folge, dass wir uns Organisationsformen schaffen, die nicht nur Heilung und Lösungen versprechen, sondern auch Schattenseiten in sich tragen und die uns ständig fordern. Dadurch sind wir zuweilen kognitiv überfordert und stehen auch emotional hintan – schlicht, weil die resultierenden Mechanismen nicht unserer Natur entsprechen.

C. Gerhardt, *Zeitlose Elemente der Führung*, essentials,
https://doi.org/10.1007/978-3-658-27876-2_5

Ist das der Weg, den wir gehen wollen? Und den wir dauerhaft verfolgen können? Den Kopf in den Sand stecken hilft genauso wenig weiter wie die schon thematisierte operative Hektik. Dieses *essential* möchte also eine konkrete Frage formulieren: *Wie kann ein Weg aussehen, der mit der Welle mitgeht – und die kognitiven und emotionalen Prägungen und Fähigkeiten der Menschen als Stärken und Ressourcen miteinbezieht?*

Die vielen diskutierten Führungsstile (s. unter Abschn. 4.2) bieten Anregungen, sind aber oft nur mäßig hilfreich, sie verlieren sich zum Teil in der Überakzentuierung *eines* Aspektes und in Trends, im Zeitgeist, in den schnellen Märkten der Wirtschaft. Es wird immer ein neues Schlagwort gefunden, das „modern" wirkt und sich gut verkaufen lässt. Vor wenigen Jahren war noch *Transformationale Führung* das Stichwort der Stunde, heute sind es eher *Agile* oder *Digitale Führung* (vgl. Tab. 4.1). Auch „weichere" Führungsverständnisse wie *Achtsame, Dienende* oder *Ethische Führung* sind en vogue.

Als eine der erfolgskritischsten Aufgaben in der heutigen Zeit kann man es betrachten, den Überblick zu wahren. Dazu gehört, sich gerade nicht im Zeitgeist und in Moden zu verlieren – sondern den tieferliegenden „Schwingungen" von Gesellschaft, Technologie und Natur zu folgen (vgl. Abb. 5.1). Wie kann es gelingen,

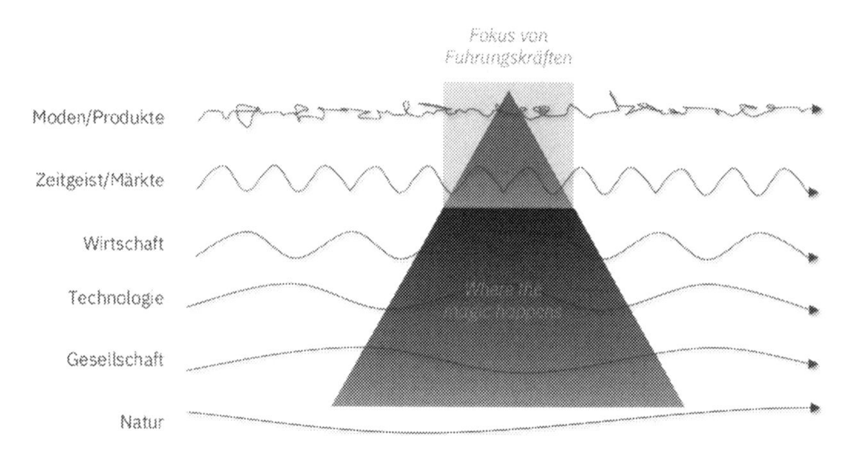

Abb. 5.1 Fokussierung als Führungsaufgabe. (Eigene Abb. nach Kühmayer 2015)

diesen „Röntgenblick" zu schulen und dorthin zu blicken, wo die „Wunder", also die großen Bewegungen, stattfinden? Das Buch möchte im folgenden Kapitel eine Hilfestellung bieten, die Konzentration auf die „Wunder des Überzeitlichen" zu ermöglichen – und dadurch der Komplexität etwas scheinbar Einfaches entgegensetzen. Denn eines ändert sich in seiner Funktionsweise bei weitem nicht so stark wie die Umwelt: Und das ist der Mensch.

Und so ergeben sich, werden all die aktuell diskutierten Führungsansätze auf ihr tieferliegendes und intuitivstes Verständnis heruntergebrochen, letztlich nahezu *zeitlos* relevante Aufgaben, die sich Menschen in jedweder verantwortungsvollen Position stellen (Lehky 2018). In welcher Zusammensetzung und Dosis sie angemessen sind, kommt auf Situation, Aufgabe, Kontext und Gegenüber an. Gefragt ist entsprechendes Fingerspitzengefühl (oder wie auch immer Sie es nennen möchten: emotionale Intelligenz, Resonanzfähigkeit u. v. m.):

1. **Innere Klarheit entwickeln** – (sich selbst) der Kompass sein
2. **Grenzen setzen** – Räume schaffen
3. **Beziehungen kultivieren** – sich für den anderen interessieren
4. **Ambiguität gestalten** – die Klaviatur des Ungewissen spielen
5. **Psychologische Sicherheit vermitteln** – Einbindung und Schutz ermöglichen

Die (Rück-)Besinnung auf diese Aufgaben ist entscheidend für innere Orientierung und für einen erfolgreichen Umgang mit der *Arbeitswelt 4.0* oder dem, was ihr nachfolgen wird. Sie zahlen in unterschiedlicher Intensität und Akzentsetzung auf einen Umgang mit der VUKA-Welt ein. Um nur einige Beispiele zu nennen: *Volatilität* oder Unbeständigkeit in der Umwelt lässt sich durch gute Vernetzung (3) und Schutzzonen im Team begegnen (5). *Unsicherheiten* im Außen erfordern zum Beispiel Klarheit im Innen (1) und Sicherheit im Zwischenmenschlichen (5). *Komplexitätsbewältigung* wiederum braucht (Zeit-) Räume (2), gute Intuition und Heuristiken (4) sowie die vernetzte Weisheit und Kompetenz möglichst Vieler (3). *Ambiguität* sollte erst einmal akzeptiert und auch als Ressource gesehen werden, um ihr kreativ begegnen zu können (4). Vertrauen hilft, sie gut auszuhalten (3).

Die im Folgenden vorgestellten Führungsaufgaben entsprechen weit mehr unseren kognitiven und emotionalen Fähigkeiten – zumindest mehr als innere Glaubenssätze und Ansprüche, die darauf abzielen, die bestehende Komplexität durch ein höheres Maß an individueller oder organisationaler Komplexität durchdringen, alles wissen und vorhersehen zu können. Sie fokussieren auf natürliche Art unsere menschlichen Stärken, im Gegensatz zu dem in die Irre führenden Anspruch, wir könnten Maschinen und Algorithmen nacheifern. Dass es auf diese

„überzeitlichen Tugenden“ ankommt, zeigt auch das „Project Oxygen“, welches in einem der dynamischsten und angesagtesten Unternehmen überhaupt, bei Google, durchgeführt wurde und wird. Dort geht es den Mitarbeitern um das Kultivieren einer positiven Beziehung zu ihren Führungskräften, um das Erhalten von Autonomie, das Aufbauen von Vertrauen oder schlichtweg gutes Zuhören und Bescheidenheit (Weck 2019; vgl. auch Abschn. 5.3).

5.1 Innere Klarheit entwickeln – (sich selbst) der Kompass sein

Innere Klarheit beginnt mit **Zielklarheit** und damit, dieses Ziel innerlich erlebbar zu machen: sinnlich konkret, in einem bestimmten Kontext und auf die Person bezogen. Denn wenn man innerlich die Zukunft einmal als positiv „erlebt“ hat, wird das Ziel leichter verhaltenswirksam. „Eindeutig kann ich nur sein, wenn ich die Ambivalenzen vorher in mir sortiere. Damit ich sagen kann, was ich will, brauche ich innere klare Entschiedenheit. Das heißt, Sie müssen Ihr Ziel konstant nachjustieren, um auf Kurs zu bleiben.“ (Mierke und von Amern 2019, S. 74). Doch wie entsteht der Kurs, nach dem Ziele ausgerichtet werden können? Hier kommt das Konzept der *Vision* ins Spiel, welche die Sinnhaftigkeit im Veränderungsprozess vermittelt (Starker und Peschke 2017). Klarheit entsteht dadurch, dass wir möglichst genau wissen, was uns und unserem Team oder unserer Organisation wichtig ist, was sinnstiftend und -reich ist. Und diese Vision muss erschaffen werden, sie liegt nicht einfach fertig vor.

Orientierung liefern hierbei persönliche und organisationale **Werte.** Wonach sollte man sich sonst in unüberschaubaren Zeiten richten? Wir werden darauf zurückgeworfen, uns *aus eigener Kraft* in ambi- oder multivalenten Situationen Orientierung zu schaffen. VUKA-Bedingungen verlangen nach Möglichkeiten der Zielausrichtung, die Menschen Raum geben, *selbstverantwortlich* in Übereinstimmung mit dem Kurs des Unternehmens *nachzusteuern.* Es lässt sich feststellen, „dass Führungskräfte eine innere Haltung, eine Art moralischen, kognitiven und emotionalen Kompass brauchen, um den Anforderungen, die in Zukunft an sie gestellt werden, gerecht zu werden“ (Hinkelmann und Enzweiler 2018, S. 20). Dies ist die Sternstunde des Coachings, das inzwischen einen festen Platz als Personalentwicklungsinstrument hat und dessen Ziel es ist, entsprechenden Raum für Selbstreflexion zu bieten. Auch Tools können hier helfen, wie z. B. bestimmte Fragebögen (s. Kasten).

- **Reflexion von Werten mit „Values in Action"** (Peterson und Seligman 2004)

  Der Charakterstärken-Ansatz beschreibt Elemente positiver menschlicher Entwicklung. Darin werden 24 Charakterstärken beschrieben, und diese lassen sich wiederum sechs Tugenden zuordnen, die man als *Stärkenfamilien* charakterisieren kann. Zur Familie **„Weisheit und Wissen"** gehören z. B. Kreativität, Neugier, Liebe zum Lernen, Aufgeschlossenheit und Weisheit. Die weiteren Tugenden sind Mut, Humanitas und Liebe, Gerechtigkeit, Mäßigung und Transzendenz. Charakterstärken sind im Sinne der Positiven Psychologie die Grundlage unseres persönlichen Wohlbefindens, da sie uns aufzeigen, wie wir mit unseren Werten in Einklang leben. Wenn wir sie einsetzen, erleben wir uns authentisch, lebendig und wirksam. 2017 erschien die neue Version des Fragebogens „Values in Action Inventory of Strengths" (VIA-IS R unter https://www.viacharacter.org/survey/account/register; Blickhan 2018).

Souveräne Entscheidungen treffen gelingt auf Basis dieser Selbstklärung und eines gewissen **Mutes,** da es immer wieder zwischen zahlreichen Alternativen zu entscheiden gilt, für *und* gegen die jeweils einiges spricht. Es kommt also darauf an, *dennoch* eine Option zu wählen, andere zu verwerfen und zugleich mit den begleitenden Gedanken und Gefühlen konstruktiv umzugehen. Hierzu gehört es auch, sich klar zu machen, ob man die Verantwortung in jedem Falle, auch des Misslingens, tragen kann: „Will ich mit den Folgen meiner Entscheidung leben, mit der sich einige Türen schließen und andere sich öffnen werden?" (Radermacher 2019, S. 61).

Einen gewissen Hype gibt es in den letzten Jahren um das Konzept der **Achtsamkeit.** Längst ist es aus der „Esoterik-Ecke" hervorgetreten und inzwischen im Unternehmenskontext angekommen. So gibt es bei Google bereits seit 2007 das firmeninterne Achtsamkeitsprogramm „Search inside yourself". Auch deutsche Unternehmen wie Siemens, Bosch oder BMW sind in jüngster Vergangenheit diesem Trend gefolgt. Der gegenwärtige Moment und das Lenken unserer Aufmerksamkeit auf diesen stehen im Zentrum. Es soll kein Grübeln über Vergangenes, kein Multitasking geben, sondern nur das aufmerksame Wahrnehmen des Hier und Jetzt (vgl. Brown und Ryan 2003; auch Kabat-Zinn 1994; Maturano 2015). Achtsamkeit erfordert also, „bei sich" zu sein, sich selbst wahrzunehmen und authentisch zu kommunizieren. Zahlreiche Auswirkungen auf die psychische Gesundheit sind empirisch gut belegt. So verringert Achtsamkeit körperliche Schmerzen und reduziert Burnout-Symptome (Carlson 2016; Luken und

Sammons 2016). Im Führungskontext konnten Reb et al. (2014) zeigen, dass sich die Arbeitsleistung und -zufriedenheit der Mitarbeiter achtsamer Führungskräfte erhöhten, abweichendes Verhalten milderte sich. Gedankliche Präsenz von Führenden (aber auch der Geführten) ist also *ein* wichtiges Fundament für gelingende Führung. Achtsame Personen wissen, wie wichtig Innehalten, Reflexion und auch Regeneration sind.

5.2 Grenzen setzen – Räume schaffen

Um nicht völlig von anstehenden Aufgaben und Eindrücken überflutet zu werden, heißt es, zum einen die Menge neuer Aufgaben zu begrenzen („nein sagen") und zum anderen vorliegende Volumina zu verringern (delegieren). Entscheidend für ein **klares Ja und vor allem Nein** ist, dass es innerlich gut begründet ist und man sich mögliche Konsequenzen vorher bewusstmacht. Das A und O besteht darin, eventuell vorhandene Zweifel an der Gleichberichtigung der Option „Nein" zu hinterfragen (vgl. Mierke und v. Amern 2019). Hierzu kann es auch gehören, sich „digital souverän" zu verhalten (Creusen et al. 2017), also z. B. Pausen bewusst für Gespräche zu nutzen statt für das Lesen von Meldungen, in Meetings auf den analogen Kontext zu achten und digitale Geräte abzuschalten sowie sich selbst „Offlinezeiten" zu setzen und diese auch einzuhalten. Hierdurch entstehen (innere) Räume, die hohe Konzentration und Produktivität und damit *Flow-Zustände* ermöglichen (Csikszentmihalyi 2010).

Delegieren entlastet den Betroffenen zumindest mittelfristig auf der einen Seite, kann zudem auf der anderen Seite im Team dazu führen, dass Tätigkeiten erweitert oder angereichert werden. Damit kann es gelingen, Kompetenzen aufzubauen oder zu stärken. „Es wird kaum motivieren, wenn spürbar wird, dass dies eine Aufgabe ist, derer man sich am besten so schnell wie möglich entledigt und die stark mit innerer Unruhe und Druck assoziiert ist" (Mierke und v. Amern 2019, S. 164). Hilfreich zur Dosierung erscheint das *Modell der situativen Führung* (Hersey und Blanchard 1969) – auch Reifegradmodell genannt. Entscheidend ist die übereinstimmende Einschätzung beider Beteiligten hinsichtlich der beiden Dimensionen Kompetenz und Commitment des Mitarbeiters – stets bezogen auf die konkrete, delegierte Aufgabe. Mit Glück sind Stärken und Vorlieben im Team nicht gleichverteilt, sodass es sein kann, dass eine einer Person wenig behagliche Aufgabe für einen anderen durchaus eine attraktive Herausforderung darstellt.

Zum Grenzen setzen gehört auch ganz klassisch ein gutes **Zeitmanagement.** Dieses hat das wesentliche Ziel, Zeitdruck zu reduzieren, da dieser Stressor das Fehlerrisiko erhöht. Zunehmende Fehler führen in der Nacharbeit zu Zeitverlusten, die wiederum die Belastung des Einzelnen weiter steigen lassen und das Ergebnis beeinträchtigen. Freie Zeiträume und ein gewisser Müßiggang erlauben es erst, **kreative Prozesse** in Gang zu setzen (Seppälä 2017). So entsteht Raum, um „den Geist auf Wanderschaft" zu schicken. „Open your calendar and schedule time just to dream [...] Put it in your diary like you would a meeting. [...] If you free up some time to think freely, you'll be able to see the bigger picture much easier" (Branson, zit. nach Clifford 2018).

5.3 Beziehungen kultivieren – sich für den anderen interessieren

Beziehungen einzugehen, ist seit jeher ein Faktor, der Menschen hat überleben und sich anpassen lassen. Die Fähigkeit zur Leistungssteigerung durch Kooperation ist bislang ein entscheidender Vorteil des Menschen gegenüber Maschinen. In postbürokratischen Unternehmen steht die Zusammenarbeit sich selbst steuernder Teams im Zentrum. Die Koordination dieser Teams ist eine wesentliche Führungsaufgabe. „Führungskräfte werden sich künftig primär als Beziehungsmanager verstehen müssen. Das bedeutet, dass ihre Kernaufgabe darin bestehen wird, das Beziehungsnetzwerk in der Organisation zu gestalten. Und zwar so, dass die Menschen effizient und effektiv zusammenarbeiten" (Hinkelmann und Enzweiler 2018, S. 144). Dabei geht die Aufgabe so weit, Wege zu finden, wie nicht nur Menschen, sondern auch Maschinen und Menschen in Teams sinnvoll zusammenarbeiten (Brynjolfsson und McAfee 2015).

Neben dem Organisieren der Zusammenarbeit und damit der **Tätigkeit als sozialer Architekt** ist es zentral, dass diese Beziehungen auf persönlichem **Vertrauen** fußen. Wie lässt sich Vertrauen aufbauen? Es beginnt als Geschenk, das einen hoffentlich positiven Vertrauenszirkel nach sich zieht. Letztlich geht es um die Grundhaltung, davon auszugehen, dass andere unser Vertrauen wert sind und ihnen als Vorschuss Vertrauen zu schenken. Komplexe Arbeitsprozesse lassen sich nur mit einem gewissen Maß an Vertrauen organisieren. Wegen der besonderen Bedeutung von Teams im Arbeitsleben ist zudem die Wirkung von Vertrauen auf den *Teamerfolg* zu betonen (De Jong et al. 2016). Vertrauen kann als eine wesentliche Grundlage für eine gelungene Interaktion und damit eine erfolgreiche Führungsbeziehung angesehen werden (vgl. Great Place to Work® 2017; Weibler 2016). Damit kommen auch Merkmale der Person ins Spiel wie z. B. *eine gutwillige Haltung,* was umfasst, ein unterstützendes Klima zu schaffen, die Interessen anderer zu achten und keine eigennützigen, gar destruktiven Absichten zu zeigen. Und Vertrauen braucht auch *Integrität* in Form von Verantwortungsübernahme, Gerechtigkeit, Authentizität und Standhaftigkeit (Fulmer und Gelfand 2012).

Einen hilfreichen Ansatz, um vertrauensvolle Beziehungen aufzubauen und klassische Hierarchien zu überwinden, zeigt der Organisationsforscher Edgar Schein (2013) auf. Er fordert Führungskräfte auf, besser im Fragen zu werden und weniger selbst zu sagen oder mitzuteilen, da dies dazu führt, dass sich Menschen verschließen. **Vorurteilsfreies, demütiges Fragen** hilft, Menschen Antworten zu entlocken, die sie selbst noch nicht kennen, und eine Beziehung aufzubauen, die auf Neugier und echtem Interesse am anderen fußt. Die Führungskraft verändert ihre Rolle von anweisend zu erkundend, von allwissend zu demütig. Mit „Demut" meint Schein einen Respekt aus der Einsicht, auf einen anderen in einer Interaktion angewiesen zu sein, von ihm oder ihr etwas lernen zu können. Als ein primäres Hindernis für diese Art von Haltung lässt sich unsere westliche Kultur betrachten, die Aufgabenorientierung und -erreichung höher bewertet als den Aufbau tragfähiger Beziehungen, und die Fragen generell niedriger einordnet als Dinge zu wissen und zu berichten. In Zeiten jedoch, die technologisch komplex, interdependent und kulturell divers sind, wird der Beziehungsaufbau als Basis immer notwendiger. Schlüssel hierzu ist nun einmal der Klassiker **„gute Kommunikation".** Und hier ist wiederum die Art, Fragen zu stellen, essenziell – ebenso wie eine Kultur des Zuhörens und des sich Konzentrierens auf den anderen (→ Achtsamkeit). Auf eine Äußerung sollte **aktiv-konstruktiv** reagiert werden, indem die Gefühle des anderen aufgenommen, eigene Gefühle zum Ausdruck gebracht, interessiert nachgefragt und weitere offene Fragen gestellt werden; zugleich sollte sich dies nonverbal widerspiegeln (Gable et al. 2006).

Exzellenz im Team ist nur dann möglich, wenn für alle transparent ist, welche ihrer Fähigkeiten und Verhaltensweisen – aus der subjektiven Sicht der anderen – für die Aufgabe besonders wertvoll sind. **Feedback** stellt diese Transparenz her und schafft so Orientierung. **Positive Verstärkung** ist dabei deutlich effektiver als Bestrafung, um Verhaltensänderungen zu bewirken. Das soll nicht heißen, dass ein jeder sich nun in unreflektierten Lobeshymnen ergehen soll, denn die Anforderung der Konkretheit, Situationsgebundenheit und Verhaltensnähe gilt auch hier. Beim Lernen geht es weniger darum, etwas hinzuzufügen, was nicht da ist, als darum, das zu erkennen, zu verstärken und zu verfeinern, was bereits da ist. Auch die Neurowissenschaft bestätigt dies: Lernen wird im Keim erstickt, wenn es Schwächen fokussiert. Hierdurch wird der Teil des Nervensystems aktiviert, der uns für Flucht oder Kampf bereitmacht. Kritisches Feedback wird als Bedrohung erlebt. Wir machen „dicht". Wenn wir hingegen die Aufmerksamkeit (von außen) auf das lenken, was bei uns gut läuft, dann wird der beruhigende Teil des Nervensystems (Parasympathikus) aktiviert (Boyatzis und McKee 2011; Buckingham und Goodall 2019). Demnach lernen wir – entgegen vieler anderslautender Devisen – am besten *in* unserer „Komfortzone", und Feedback muss in den Momenten ansetzen, in denen wir im Flow sind. Feedback wird jemanden eher dazu bringen, sich verbessern zu wollen, wenn er sich in seiner Persönlichkeit bestätigt fühlt (Green 2018). Positive Rückmeldungen haben zudem weitreichende, förderliche Effekte auf das Klima in und die Performance von Teams. „[...] das Formulieren positiver Äußerungen über die Kollegen [verändert] den Aufmerksamkeitsfokus und die mentale Repräsentation so, dass eine echte positive Grundhaltung weiter gefördert wird“ (Mierke und v. Amern 2019, S. 187–188).

Feedback ist dabei auch ein Mechanismus, um den Menschen, mit denen man eng zusammenarbeitet, in ihrer **persönlichen Entwicklung** zur Seite zu stehen. Die Führungskraft geht als „consultant, coach, teacher and mother figure“ (Bass 1985, S. 27) auf die individuellen Bedürfnisse ihrer Mitarbeiter ein und entwickelt gezielt deren Fähigkeiten und **Stärken.** Stärken lassen sich dabei als Dimensionen betrachten und werden stets durch Situation und Kontext mitbestimmt (Niemiec 2017). Ist jemand z. B. „peinlich genau“, kann dies je nach Kontext eine Ressource oder auch ein Hemmschuh sein. Eine Flugzeugingenieurin mit diesem Merkmal wünscht man sich sicherlich von Herzen.

So sinnvoll und gut belegt dieser Blickwinkel ist, so sehr ist die Überzeugung verbreitet, dass wir v. a. Schwächen optimieren sollten und hier unser Lernfeld haben – obwohl oder *gerade,* weil es unangenehm für uns ist. Dies lässt sich auf unsere genetische und evolutionspsychologische Ausstattung zurückführen, denn Fehler zu entdecken, war seit jeher überlebenswichtig. Probleme erscheinen oft dringlicher, und soziale Normen verhindern, dass wir frei über unsere Stärken sprechen (Biswas-Diener 2010). Insofern empfiehlt es sich, für sich und andere das Auge zu schulen, das Stärken entdecken kann, denn erst diese ermöglichen beste Leistungen (ebd.). Und das braucht Übung. Kleine Instrumente wie „Stärkenjournals“ oder auch Fragebögen wie der berufsbezogene, verhaltensorientierte *Gallup Strenghts Finder* (Buckingham und Clifton 2002) oder die bereits thematisierten *Values in Action* können hier hilfreich sein (weitere Übungen bei Blickhan 2018).

5.4 Ambiguität gestalten – die Klaviatur des Ungewissen spielen

Alle 400 der im Rahmen der Initiative „Neue Qualität der Arbeit“ interviewten Führungskräfte benennen die **Fähigkeit, mit ergebnisoffenen Prozessen umzugehen,** als ein zentrales Merkmal von „guter Führung“ (Kruse und Greve 2014). Der Bereitschaft, sich auf die Unsicherheit gemeinsamer Suchbewegungen einzulassen, wird eine signifikant höhere Bedeutung beigemessen als dem Management über Zielvereinbarung und Controlling. Es ist hier die Rede von „Management von Instabilität". Wie in der Forschung sollen Hypothesen aufgestellt und experimentell überprüft werden. Learnings schnell zu integrieren, ist dabei essenziell.

Wir können noch einen Schritt weitergehen: Zur Grundhaltung im Umgang mit VUKA-Welten gehört auch eine **Akzeptanz von krisenhaften Zuständen.** Dass wir Menschen an Krisen wachsen können, weiß die Psychologie schon eine Weile. Unter dem Stichwort „Posttraumatisches Wachstum" wird darauf aufmerksam gemacht, dass uns schwerwiegende Ereignisse oft erst auf einen Weg der persönlichen Reifung und Selbstreflexion bringen (Tedeschi und Calhoun 1995). Studien zeigen, dass 60–80 % der Menschen, die eine tiefgreifende Krise durchlebt haben, dadurch langfristig zufriedener und stärker geworden sind (Bonanno, zit. n. Gielas 2016). Damit können wir im besten Sinne „antifragil" werden, indem wir an äußeren Belastungen nicht zerbrechen, sondern uns erst durch sie weiterentwickeln, so wie etwa eine Pflanze unter widrigen Umständen nicht verkümmern muss, sondern u. U. robuster werden kann (Taleb 2013). Das Konzept der *Antifragilität* liefert auch Führungskräften Hinweise, wie man Ambiguität für positive Entwicklung nutzen kann: Mitarbeiter und sich selbst ermutigen, Fehler zu machen; Möglichkeiten bieten, sich zu regenerieren, und Leerlaufphasen vorsehen; Großes in Kleines unterteilen, z. B. in Teilprojekte, da große Elemente fragiler sind.

Prinzipiell sind wir als „Homo Sapiens" sehr gut darauf vorbereitet, mit Unsicherheit umzugehen und auch schnelle Entscheidungen zu treffen. Bei komplexen Problemen und hoher Ungewissheit hilft uns die aufwendige Prüfung aller Details allerdings häufig nicht weiter. Wir sind keine Computer mit unendlich schnellen Prozessoren, sondern landen dann schlichtweg in der mentalen Überforderung (Mierke und von Amern 2019). Nur unsere durch Anlage und Erfahrung ausgebildeten Fähigkeiten zur Nutzung mentaler *Daumenregeln,* helfen uns, die Situation zu lösen (Gigerenzer und Hölscher 2018). Es ist die Stunde unseres sog. **adaptiven Werkzeugkastens.** In unstabilen Situationen, in denen eine Vielzahl an Variablen relevant ist und wenig Daten vorliegen, *sollte* man sogar auf Heuristiken setzen (Gigerenzer 2013). Eine Heuristik ist dabei eine solche Daumenregel, die den Prozess – nicht nur das Ergebnis – einer Problemlösung beschreibt. Sie ist einfach, weil sie auf evolvierte und erlernte Fähigkeiten zugreift, und sie ist intelligent, weil sie Umweltstrukturen nutzt. Im Falle der Rekognitionsheuristik lautet die Regel z. B., „wähle das, was Du wiedererkennst/Dir vertraut erscheint". Gigerenzer (2013) gibt auch Hinweise, welche *Heuristiken* in den adaptiven

Werkzeugkasten speziell von Führungskräften gehören. Unter die *Leadership Heuristics* gehören folgende Leitgedanken:

- Erst zuhören, dann reden. Dadurch sammelt man mehr Informationen und hat eine bessere Entscheidungsgrundlage.
- Stelle gute Leute ein und lasse sie ihre Arbeit machen (u. a. nach Maidique 2012). Wenn man bei der Personalauswahl auf die Fach- und Sozialkompetenz von Bewerbern achtet, kann man ihnen *vertrauen* und braucht sie nicht ständig kontrollieren.
- Wenn ein Mensch nicht ehrlich und vertrauenswürdig ist, spielt der Rest keine Rolle.
- Befördere intern.

Ein weiteres hilfreiches Konzept unbewusster Intelligenz, das zu Unrecht oft in der halbesoterischen Ecke landet, ist die **Intuition.** Intuition ist nach Gigerenzer (2013) ein Urteil, bei dem man spürt, was man tun sollte, oft physisch, ohne aber erklären zu können, warum. Spannend ist: 76 % der Top-Manager eines führenden Automobilherstellers und 50 % der Führungskräfte eines führenden Technologie-Dienstleisters geben an, die meiste Zeit aus dem Bauch heraus zu entscheiden. „Doch 72 % der Befragten berichteten auch, ihre Intuition zu verleugnen, wenn sie Entscheidungen gegenüber Dritten zu rechtfertigen haben, und stattdessen im Nachhinein Gründe für die Entscheidung zu suchen" (Gigerenzer und Gaissmaier 2012, S. 21). Gute Entscheidungen müssen insbesondere in der wirtschaftlichen Sphäre rational begründbar sein. Dass das illusorisch ist, zeigt z. B. auch die Schätzung des Hirnforschers Gerhard Roth (2007), dass uns weniger als 0,1 % dessen, was das Gehirn tut, aktuell bewusstwird. Der „Rest" wird unbewusst erledigt. Bei Entscheidungen und Verhaltensänderungen, so Roth, hätten die unbewussten Anteile unserer Persönlichkeit das erste und das letzte Wort, Verstand und Vernunft seien nur Berater. Oder anders formuliert: „Man kann unser Bewusstsein mit einem Reiter auf einem Elefanten vergleichen" (Haidt nach Leick 2013, S. 114). Es geht hier nicht darum zu behaupten, Intuition sei eine bessere Alternative zu bewusstem Denken. Aber eine sinnvolle Ergänzung, die ihre Stärken hat und sowieso unvermeidbar stattfindet. Daher erscheint es ratsam, auch intuitive Herangehensweisen zuzulassen.

Da sich demnach Vieles der rationalen Analyse entzieht und eher Experimentierfreude, Mut zum Ausprobieren sowie Lösungsorientierung gefragt sind, müssen zudem Bedingungen geschaffen werden, die **kreative Prozesse** unterstützen. Gigerenzer (2013) zäumt das Pferd von hinten auf und stellt zusammen, was man tun muss, um Innovation zu verhindern: Es braucht 1) Misstrauen in

Bauchentscheidungen, 2) die Aufforderung, jede neue Idee rational begründen lassen und 3) eine Absicherungskultur mit Dokumentation und defensiven Entscheidungen. Um es positiv zu wenden, ist vor allem eine offene Grundhaltung Instabilitäten gegenüber wichtig, ein Klima der Ermutigung, Angstfreiheit und Anerkennung. Wie dies geschaffen werden kann, erläutert der folgende Abschnitt.

5.5 Psychologische Sicherheit – Einbindung und Schutz ermöglichen

Teammitglieder und Leitende müssen mehr und mehr selbst eine stabile Arbeitsumwelt schaffen, wenn die weitere Umwelt entsprechend volatil und unsicher ist. Die Amerikanerin Amy Edmondson erforscht seit den 1990er Jahren das Konzept der **psychologischen Sicherheit,** das übrigens auch im „Project Oxygen" von Google auf Rang 1 als Antwort auf die Frage landet, was ein guter Manager leistet. Gemeint ist die Schaffung eines Arbeitsklimas, in dem zwischenmenschliche Risiken in Kauf genommen werden können, weil jeder die Gewissheit hat, dass Einzelne nicht bestraft werden, wenn diese eine andere Meinung vertreten, einen Fehler machen oder sich verletzlich zeigen (Edmondson 1999; Goller und Laufer 2018). Es handelt sich damit um ein Team-Phänomen, das auf Respekt und dem Vertrauen fußt, dass der Einzelne so akzeptiert wird, wie er ist. Angst vor sozialem Ausschluss besteht hier nicht.

> **Tipp: Ted Talk „Building a psychologically safe workplace"**
> Amy Edmondson beschreibt dort in knapp zwölf Minuten nachvollziehbar und mit Anwendungsbeispielen ihre Erkenntnisse zur psychologischen Sicherheit.
> https://www.youtube.com/watch?v=LhoLuui9gX8

Dieses Klima hat keinen direkten Einfluss auf das Arbeitsergebnis, aber es erleichtert die nötigen Schritte, um ein Ergebnis zu erreichen. Demnach zeigen sich die positiven Effekte vorrangig in Umfeldern, in denen Denkarbeit geleistet werden muss. Psychologische Sicherheit in einem Team erhöht sogar die Offenheit gegenüber Veränderungen und nimmt Einfluss auf die Haltung im Umgang mit Fehlern (Carmeli und Gittell 2008). Thau et al. (2008) wiesen nach, dass Unsicherheiten in Organisationen in einem **Klima von Fairness** besser zu bewältigen sind. Eine Atmosphäre der psychologischen Sicherheit ist immer auch mit dem Eindruck von Fairness verbunden und ermöglicht daher subjektive Sicherheit zumindest in der überschaubaren Einheit eines Teams oder im besten Fall gar in der

Gesamtorganisation. Ein wichtiges Phänomen, das von Führungskräften dabei bedacht werden sollte, ist die Auswirkung der Rolle und Perspektive, die man innehat: Führungskräfte schätzen die psychologische Sicherheit im Team meist höher ein als die Mitarbeiter. Als Führungskraft sollte man sich daher keinen falschen Illusionen hingeben, sondern nachfragen und in Resonanz gehen.

„Tool Kit" für Führungskräfte zur Schaffung psychologischer Sicherheit nach Edmondson (2019, S. 159 ff.)

1. **Den Boden bereiten:** Der erste Ansatz besteht darin, die Annahmen und Glaubenssätze über die Realität zu justieren, z. B. über das, was sich gehört oder wie Fehler einzuordnen sind (z. B. als peinliche Inkompetenz). Fehler sollten nach Möglichkeit de-stigmatisiert und als Lernchance betrachtet werden. Denn wenn man negativ auf Fehler reagiert, hört man künftig nicht mehr von ihnen. „What we are trying to teach is that failure is not a bug of learning, it's a feature" (ebd. S. 161). Dabei ist es auch Aufgabe der Führungskraft, als Ausgangsbasis einen überzeugenden *Sinn* des Tuns zu formulieren.
2. **Teilhabe ermöglichen:** Neben ganz handfesten Maßnahmen wie Fokusgruppen oder Wissensaustausch im Team zielt dieser Aspekt darauf, ehrliches Interesse am anderen zu kultivieren (vgl. Ed Scheins *Humble Inquiry* in Abschn. 5.3). Kurz gesagt: Die Gesprächspartner sollen eingeladen werden, in Wünschen zu denken. In einer Studie im Krankenhaussektor zeigte sich der Faktor „Leadership Inclusiveness", also einbeziehende Führung, als ausschlaggebend für psychologische Sicherheit (Tucker et al. 2007): Die Führungskraft ist erreichbar und zugänglich; sie spricht eigene Unzulänglichkeiten an und bittet aktiv um Input.
3. **Produktiv reagieren:** Antworten auf Vorschläge und Ideen sollten wertschätzend und einen Weg in die Zukunft aufzeigend formuliert werden. Die Wertschätzung sollte unmittelbar und unabhängig von der Güte des Gesagten gezeigt werden; schlicht für den Mut, etwas anzubringen. Nach Dweck (2008) geht es darum, ein *Growth Mindset* aufzubauen, das vor allem Engagement und Einsatz lobt, um auf diese Weise mentale Stärke aufzubauen: „When NASA recruits astronauts, they typically reject people with pure histories of success and instead select people who have had significant failures and bounced back from them."

Psychologische Sicherheit ist auch der Schlüssel zum **Umgang mit den Ängsten,** die eine Normalität und mehr oder minder intensive Begleiterscheinung von Veränderungen und Unsicherheiten sind (vgl. Abschn. 4.4.2). Ein möglichst konstruktiver Umgang mit Ängsten und Sorgen ist demnach eine wichtige personale Kompetenz. Das bedeutet weder, sich einschüchtern zu lassen (Lähmung) noch in übererregte Betriebsamkeit zu verfallen. Demnach muss erst einmal eine innere Haltung zu (eigenen) Ängsten gefunden werden, die diese nicht zensiert und abqualifiziert (vgl. auch Konzept „Angstbewusst führen" von Neuhaus 2013). Wie das gelingen kann, fasst der nachstehende Kasten zusammen.

Zusammenfassend läuft dies darauf hinaus, dass Führung in VUKA-Umwelten einen bewussten Umgang gerade mit tabuisierten Emotionen wie Angst oder auch Scham bei sich und anderen erfordert und die Bereitschaft, sich mit diesen Emotionen zu exponieren, sich demnach verletzlich zu zeigen (vgl. Forschung von Brown 2018). Wer seine eigenen ebenso wie die Emotionen anderer gut erkennen und steuern kann – wer sich also nach Goleman (Goleman et al. 2004) emotional intelligent verhält, der vermag auch „...geschickter zwischen Empathie und Macht zu führen, sowohl sich selbst als auch seine Beziehungen professioneller zu regulieren und in komplexen Führungssituationen schneller und effizienter zu agieren" (Flies 2019). Die Basis lässt sich nach Hartmut Rosa (2016) auch als *Resonanz* bezeichnen, ein Gefühl, das entsteht, wenn man mit anderen oder Dingen aus der Umwelt *mitschwingt* und mit sich selbst oder anderen in einer guten Verbindung oder im Einklang steht.

Drei Schritte zum konstruktiven Umgang mit Ängsten

1. **Beobachtende Akzeptanz** und aufmerksames Registrieren der Ängste auf allen Seiten; das heißt, gegenüber Ängsten eine offen-neugierige Haltung einzunehmen und eine umgehende (Ab-)Wertung zu vermeiden. Insbesondere Schlüsselpersonen müssen zunächst überhaupt erst einmal erkennen, dass ein angstbesetztes Thema vorliegt – ob bei sich selbst oder anderen.
2. **Ängste als Ressource betrachten (umbewerten):** Alsdann gilt es anzuerkennen, dass all diese Reaktionen adaptiv sind für ein dauerhaftes Überleben. Ängste sind nicht verachtenswert, sondern ein notwendiges Regulativ, ein „guter Ratgeber". Sie geben uns Auskunft darüber, was uns wichtig, bedeutsam, erhaltenswert ist.

3. **Ängste als Ressource zu nutzen wissen (aktiver Umgang)**: Denkbar sind hier verschiedene Strategien, die Themen in den gemeinsamen Austausch zu bringen. Positiv bewertet wird von Mitarbeitern vor allem das Anbieten aufrichtiger Informationen in der als wünschenswert erachteten Breite. Es schafft zudem ein verbindendes Element zu den Mitarbeitern, wenn gefragt wird: „Wie gehen wir gemeinsam mit dieser Situation um?". Da Angst heute in den meisten Unternehmen tabuisiert ist, besteht in der Verbalisierung möglicherweise auch das größte Potenzial für neu zu gestaltende Organisationen. Durch das Thematisieren von Angst können positive Ergebnisse erzielt werden, was im Einklang mit neurowissenschaftlichen Erkenntnissen steht, nach denen die Benennung von Angst als solcher die Amygdala beruhigt (Neuhaus 2013).

6 Ausblick

Die aktuelle Managementliteratur vermittelt häufig den Eindruck, Führungskräfte müssten quasi übermenschlich vielfältige, teils gegensätzliche Kompetenzen in sich vereinen. Diese falschen Erwartungen führen dazu, dass sich Vorgesetzte selbst sehr unter Druck setzen, mit der Folge von sowohl kognitiver als auch emotionaler Überforderung – wie in den Abschn. 4.4.1 und 4.4.2 beschrieben. Die in Kap. 5 vorgestellten Grundhaltungen lassen sich als Aufgaben verstehen, die sich allen Personen in VUKA-Umwelten stellen, aber denjenigen in der Rolle der Führungskraft natürlich in pointiertem Maße. Sie sind als Hinweise zu verstehen auf die Richtungen, die die stetigen Suchprozesse in komplexen Situationen nehmen können, oder Scheinwerfer, die man auf ein schwer überschaubares Gelände werfen kann. Sie sollen also ein Stück Orientierung und Entlastung schaffen, indem sie das zusammenfassen, was sich jenseits aller Trends als **„zeitlose Führungsaufgaben"** herauskristallisiert. Dies erklärt auch, warum im Rahmen der Personalentwicklung Coaching zurzeit einen solchen Erfolg hat. Denn Coaching kann Ressourcen für eine aktiv gestaltete Reifung erschließen, auf der persönlichen genauso wie auf Team- und Organisationsebene, und damit helfen, Disruption zu bewältigen (Lenz 2019).

Den mental freiwerdenden Raum durch losgelassene Ansprüche an den/die vermeintlich allwissende(n), rationale(n) perfekte(n) Chef oder Chefin und entschärfte, weil akzeptierte Emotionen, kann man dafür nutzen, sich selbst innerlich noch einmal neu zu orientieren (innere Klarheit, Werte), persönliche Räume zu schaffen (Grenzen setzen), den Blickwinkel auf das gemeinsame kreative Schaffen in Richtung Stärken und Potenziale auszurichten und vor allem, um den Mitarbeitern mit Achtsamkeit zu begegnen, ihnen Vertrauen zu schenken, mit ihnen authentische Beziehungen und psychologisch sichere Teams zu entwickeln. Auf diese Weise entsteht hoffentlich ein kleiner Kompass für eine Welt, in der sich

C. Gerhardt, *Zeitlose Elemente der Führung*, essentials,
https://doi.org/10.1007/978-3-658-27876-2_6

sonst alles schnell wandelt. Mit Verlaub sei an dieser Stelle dezent auf die Entwicklungspsychologie verwiesen, die zeigt, dass sichere Bindungen in der Familie und zu primären Bezugspersonen das Fundament einer sich gesund entwickelnden Persönlichkeit sind (Bowlby 2010). Selbstredend sollen Führungskräfte nicht mit einem Elternteil und Mitarbeiter mit Kindern gleichgesetzt werden, aber das Basisprinzip, dass Exploration nur stattfinden kann, wenn man einen „sicheren Hafen" hat, zu dem man zurückkehren kann, lässt sich auch im Konzept der *psychologischen Sicherheit* erkennen – dort jedoch als Teamleistung unter Erwachsenen. Emotionalen Halt in sich zu finden und diesen zu vermitteln, kann daher als eine Schlüsselkompetenz betrachtet werden.

Individuelle Sicherheit (als Abwesenheit von akuter wahrgenommener Bedrohung) ermöglicht die Entwicklung von klaren persönlichen Zielen jenseits von Existenzsicherung; **Sicherheit auf der Beziehungsebene** ermöglicht wiederum eine konstruktive Entwicklung von Möglichkeiten und Grenzen in der direkten Kommunikation; **Sicherheit durch Offenheit und Vertrauen im Gesamtkontext** ermöglichen dann auch noch eine flexible gemeinsame Entwicklung von Systemen und deren Anpassung an neue Herausforderungen (Mierke und von Amern 2019).

Warren Berger zitiert in seinem „Book of beautiful questions" (2018) einen ehemaligen Campbell Soup Hauptgeschäftsführer, der betont, dass „becoming a better leader is an ‚inside out' process" (S. 154). Insofern ist ganz im Sinne zirkulärer Prozesse das Ende dieses Buchs zugleich ein Anfang für die Leserin und den Leser. Denn alles beginnt mit dem Bearbeiten und Reflektieren einiger fundamentaler Fragen an sich selbst. Es gilt also weniger zu klären, was andere über Führung denken, sondern man selbst. Dies ist das Fundament, auf dessen Basis man beginnen kann zu handeln.

„Beautiful questions" frei nach Berger (2018)

- Warum möchte ich eine Führungsrolle übernehmen?
- Warum würden andere wollen, dass ich diese leitende Rolle übernehme?
- Funktioniert Antwort 1 auch für Frage 2? Wenn nein: Welche Gründe hat dies?
- Bin ich bereit, mich zurückzunehmen, um anderen zu helfen, nach vorn zu treten?
- Bin ich selbstbewusst genug, um demütig zu handeln?
- Kann ich lernen, immer weiter zu lernen?
- Schaffe ich es, mich oft genug zurückzuziehen, um zu führen?

- Wann war ich in meinem Leben am besten, am zufriedensten, am meisten bei mir?
- Wann ist mir etwas misslungen – und was habe ich daraus gelernt?
- Wofür stehe ich ein?
- Was ist derzeit der beste, sinnreichste Einsatz von Zeit – für mich und für das Team?
- Was würde die 7. Generation nach uns über das, was wir tun, denken?
- In welcher Kultur blühe ich auf?
- Schaue ich generell eher auf Dinge, die gut laufen? Oder auf das, was schlecht läuft?
- Wie können wir es im Team so gestalten, dass wir uns trauen, alles zu fragen?

Was Sie aus diesem *essential* mitnehmen können

- Die VUKA-Welt und ihre Bedingungen beinhalten für Organisationen und die Menschen, die in ihnen arbeiten, viele Chancen, aber auch Risiken und Stresspotenziale.
- Neue Organisationsformen und Arbeitsweisen bringen zugleich auch eigene Dilemmata mit sich.
- Kognitive und emotionale Eigenheiten des Menschen, wie z. B. bestimmte Bedürfnisse und Ängste, helfen zu erklären, warum die Umsetzung bisherigen Wissens oftmals schwer ist.
- Eine Besinnung auf genuine Stärken des Menschen zeichnet einen Weg, wie Führung und ein konstruktiver Umgang mit der Arbeitswelt gelingen können.
- Innere Klarheit entwickeln, Grenzen setzen, Beziehungen kultivieren, Ambiguität gestalten und psychologische Sicherheit vermitteln stehen hier im Zentrum.

C. Gerhardt, *Zeitlose Elemente der Führung*, essentials,
https://doi.org/10.1007/978-3-658-27876-2

Literatur

Arnold, H. (2016). *Wir sind Chef: Wie eine unsichtbare Revolution Unternehmen verändert.* Freiburg im Breisgau: Haufe-Lexware.

Badura, B., Ducki, A., Schröder, H., Klose, J., & Meyer, M. (Hrsg.). (2018). *Fehlzeiten-Report 2018: Sinn erleben-Arbeit und Gesundheit.* Berlin: Springer.

Bass, B. M. (1985). *Leadership and performance beyond expectations.* New York: Free Press.

Beer, S. (1984). The viable system model: Its provenance, development, methodology and pathology. *Journal of the operational research society, 35*(1), 7–25.

Bennett, N., & Lemoine, G. J. (2014). What a difference a word makes. Understanding threats to performance in a VUCA world. *Business Horizons, 57*(3), 311–317.

Berger, W. (2018). *The book of beautiful questions: The powerful questions that will help you decide, create, connect, and lead.* London: Bloomsbury.

Biswas-Diener, R. (2010). *Practicing positive psychology coaching: Assessment, activities and strategies for success.* Hoboken: Wiley.

Blickhahn, D. (2018). *Positive Psychologie: Ein Handbuch für die Praxis.* Paderborn: Junfermann.

Boes, A., & Kämpf, T. (2010). Zeitenwende im Büro: Angestelltenarbeit im Sog der Globalisierung. *WSI-Mitteilungen, 63*(12), 611–617.

Bowlby, J. (2010). *Bindung als sichere Basis – Grundlagen und Anwendung der Bindungstheorie* (2. Aufl.). München: Reinhardt.

Boyatzis, R., & McKee, A. (2011). Neuroscience and leadership: The promise of insights. *Ivey Business Journal, 75*(1), 1–3.

Brown, B. (2018). *Dare to lead: Brave work. Tough conversations. Whole hearts.* München: Random House.

Brown, K. W., & Ryan, R. M. (2003). The benefits of being present: Mindfulness and its role in psychological well-being. *Journal of Personality and Social Psychology, 84*(4), 822–848.

Brynjolfsson, E., & McAfee, A. (2015). *The second machine age.* Kulmbach: Börsenmedien AG.

Buckingham, M., & Clifton, D. (2002). *Entdecken Sie Ihre Stärken jetzt!* Frankfurt a. M.: Campus.

C. Gerhardt, *Zeitlose Elemente der Führung,* essentials,
https://doi.org/10.1007/978-3-658-27876-2

Buckingham, M., & Goodall, A. (2019). Die Feedback-Falle. *Harvard Business Manager, 5,* 20–30.

Burg, M. (2017). VUCA verstehen: der Ursprung des Begriffs in der U.S. Army, *VUCABLOG.* https://blog.monikaburg.com/2017/12/04/vuca-verstehen-begriff-ursprung-us-army/. Zugegriffen: 21. Sept. 2019.

Burow, O. A. (2015). *Team-Flow – Gemeinsam wachsen im Kreativen Feld.* Weinheim: Beltz.

Cameron, K. (2008). *Positive Leadership. Strategies for extraordinary performance.* San Francisco: Berrett-Koehler.

Carlson, L. E. (2016). Mindfulness-based interventions for coping with cancer. *Annals of the New York Academy of Science, 1373*(1), 5–12.

Carmeli, A., & Gittell, J. H. (2008). High-quality relationships, psychological safety, and learning from failures in work organizations. *Journal of Organizational Behavior, 30*(6), 709–729.

Christensen, C. M. (2011). *The Innovators Dilemma: Warum etablierte Unternehmen den Wettbewerb um bahnbrechende Innovationen verlieren.* München: Vahlen.

Clifford, C. (2018). *What Warren Buffett taught Bill Gates about managing time by sharing his (nearly) blank calendar.* https://www.cnbc.com/2018/09/07/warren-buffett-taught-bill-gates-about-time-management-by-sharing-his-blank-calendar.html. Zugegriffen: 21. Sept. 2019.

Creusen, U., Gall, B., & Hackl, O. (2017). *Digital Leadership. Führung in Zeiten des digitalen Wandels.* Wiesbaden: Springer Fachmedien.

Csikszentmihalyi, M. (2010). *Das flow-Erlebnis: Jenseits von Angst und Langeweile: Im Tun aufgehen.* Stuttgart: Klett-Cotta.

Dweck, C. S. (2008). *Mindset: The new psychology of success.* München: Random House.

Edmondson, A. C. (1999). Psychological safety and learning behavior in work teams. *Administrative Science Quarterly, 44*(2), 350–383. https://doi.org/10.2307/2666999.

Edmondson, A. C. (2019). *The fearless organization: Creating psychological safety in the workplace for learning, innovation, and growth.* Hoboken: Wiley.

Festinger, L. (2012). *Theorie der kognitiven Dissonanz* (2. Aufl.). Bern: Huber.

Flies, E. (2019). Embodiment und Emotionen im Coaching. *Coaching-Newsletter* von Christopher Rauen, 2019-05. https://www.coaching-newsletter.de/archiv/2019/coaching-newsletter-mai-2019.html. Zugegriffen: 26. Juni 2019.

Follett, M. P. (1941). Dynamic administration. *The Academy of Management Review, 11*(2), 451–454.

Foss, N. J., & Klein, P. G. (2014). Why managers still matter. *MIT Sloan Management Review, 56*(1), 73–80.

Fraunhofer IAO. (2013). *Arbeitswelten 4.0 – Wie wir morgen arbeiten und leben.* https://blog.iao.fraunhofer.de/arbeitswelten-40-wie-wir-morgen-arbeiten-und-leben/?option=com_wordpress. Zugegriffen: 21. Sept. 2019.

Fulmer, C. A., & Gelfand, M. J. (2012). At what level (and in Whom) we trust: Trust across multiple organizational levels. *Journal of Management, 38*(4), 1167–1230.

Gable, S. L., Gonzaga, G. C., & Strachman, A. (2006). Will you be there for me when things go right? Supportive responses to positive event disclosures. *Journal of Personality and Social Psychology, 91*(5), 904–917.

Gebert, D. (2002). *Führung und Innovation.* Stuttgart: Kohlhammer.

Gebhardt, B., & Häupl, F. (2012). *New Work Order* (Trendbüro Beratungsunternehmen für gesellschaftlichen Wandel GmbH, Hrsg.). München.

Gerhardt, C. (2005). *Arbeitszeit-und Einkommensverzichte als politische Handlungsbereitschaft: die Rolle von Moral, Eigeninteresse und antizipiertem Trittbrettfahren*. Dissertation. Universitätsbibliothek Trier, Trier.

Gielas, A. (2016). Hart im Nehmen. *PSYCHOLOGIE HEUTE, 4,* 31.

Gigerenzer, G. (2013). *Risiko: Wie man die richtigen Entscheidungen trifft*. München: Bertelsmann.

Gigerenzer, G., & Gaissmaier, W. (2012). *Intuition und Führung. Wie gute Entscheidungen entstehen*. Gütersloh: Bertelsmann Stiftung.

Gigerenzer, G., & Hölscher, T. (2018). Bauchentscheidungen. *SyStemischer, 12,* 26–35.

Gigerenzer, G., & Selten, R. (2001). *Bounded rationality: The adaptive toolbox*. Cambridge: MIT Press.

Gilbert, D. T. (2008). *Ins Glück stolpern: Suche dein Glück nicht, dann findet es dich von selbst*. München: Goldmann.

Goleman, D., Boyatzis, R. E., & McKee, A. (2004). *Primal leadership: Learning to lead with emotional intelligence*. Brighton: Harvard Business Review Press.

Goller, I., & Laufer, T. (2018). *Psychologische Sicherheit in Unternehmen. Wie Hochleistungsteams wirklich funktionieren*. Wiesbaden: Springer Fachmedien.

Grabmeier, S. (2016). Wie man auf die Unternehmensrealität blicken kann. In H. Arnold (Hrsg.), *Wir sind Chef: Wie eine unsichtbare Revolution Unternehmen verändert* (S. 31–64). Freiburg im Breisgau: Haufe-Lexware.

Great Place to Work. (2017). *Executive summary: The business case for a high-trust culture – Learn why building a high-trust culture is one of the smartest investments your company can make.*https://www.greatplacetowork.com/business-case/executive-summary. *Zugegriffen: 12. Juni 2017.*

Green, P. (2018). Feedback ist wirkungslos. *Harvard Business Manager, 3,* 16–17.

Greenleaf, R. K. (1991). *The Servant as Leader*. South Orange: The Robert K. Greenleaf Center for Servant-Leadership.

Hebb, D. O. (1949). *The organization of behavior.* New York: Wiley. Reprint Lawrence Erlbaum (2002).

Hersey, P., & Blanchard, K. H. (1969). Life cycle theory of leadership. *Training and Development Journal, 23*(5), 26–34.

Herzog, B. (2018). *Coaching begleitet zu einer neuen Führungskultur*. https://www.matthias-baller.de/news/matthias-baller/items/netzwerk102018.html. Zugegriffen: 21. Sept. 2019.

Hinkelmann, R., & Enzweiler, T. (2018). *Coaching als Führungsinstrument: Neue Leadership-Konzepte für das digitale Zeitalter*. Wiesbaden: Springer Gabler.

de Jong, B. A., Dirks, K. T., & Gillespie, N. (2016). Trust and team performance: A meta-analysis of main effects, moderators, and covariates. *Journal of Applied Psychology, 101*(8), 1134–1150.

Kabat-Zinn, J. (1994). *Wherever you go, there you are: Mindfulness meditation in everyday life*. London: Hachette Books.

Kahneman, D. (2016). *Schnelles Denken, langsames Denken*. München: Siedler.

König, E., & Volmer, G. (2018). *Handbuch Systemische Organisationsberatung*. Weinheim: Beltz.

Kotter, J. P. (2014). *Accelerate: Building strategic agility for a faster-moving world.* Brighton: Harvard Business Review Press.

Kriegeskotte, F. (2015). *Die neue Welt der Arbeit – Eine kritische Analyse flacher Hierarchien.* Unveröffentlichte Bachelorthesis, Hochschule Fresenius Hamburg.

Kruse, P., & Greve, A. (2014). *Führungskultur im Wandel – Kulturstudie mit 400 Tiefeninterviews* (Initiative Neue Qualität der Arbeit (INQA), Hrsg.). Berlin.

Kruse, P., & Schomburg, F. (2016). Führung im Wandel – Ohne Paradigmenwechsel wird es nicht gehen. In O. Geramanis & K. Hermann (Hrsg.), *Führen in ungewissen Zeiten. Impulse, Konzepte und Praxisbeispiele* (S. 3). Wiesbaden: Springer Fachmedien.

Kühl, S. (2011). *Organisationen. Eine sehr kurze Einführung.* Wiesbaden: VS Verlag.

Kühl, S. (2015a). *Wenn die Affen den Zoo regieren. Die Tücken der flachen Hierarchien.* Frankfurt: Campus.

Kühl, S. (2015b). Wie demokratisch können Unternehmen sein? *wirtschaft + weiterbildung, 6,* 18–24.

Kühmayer, F. (2015). *Franz Kühmeyers Leadership Report 2016.* Frankfurt: Zukunftsinstitut GmbH.

Laloux, F. (2015). *Reinventing organizations: Ein Leitfaden zur Gestaltung sinnstiftender Formen der Zusammenarbeit.* München: Vahlen.

Langer, E. J. (1975). The illusion of control. *Journal of Personality and Social Psychology, 32*(2), 311–328.

Lehky, M. (2018). Führen in der VUKA-Welt. Mehr Indianer als Häuptling. *managerSeminare, 245,* 29–35.

Leick, R. (2013). Wir reiten auf einem Elefanten. Interview mit Jonathan Haidt. *SPIEGEL, 2,* 114–118.

Lenz, U. (2019). Coaching im Kontext der VUCA-Welt. Der Umbruch steht bevor. In J. Heller (Hrsg.), *Resilienz für die VUCA-Welt. Individuelle und organisationale Resilienz entwickeln* (S. 50–67). Springer Fachmedien: Wiesbaden.

Lorenz, M., & Rohrschneider, U. (2014). *Praktische Psychologie für den Umgang mit Mitarbeitern. Wirkungsvoll und leistungsorientiert führen.* Wiesbaden: Springer Gabler.

Luhmann, N. (2000). *Organisation und Entscheidung.* Wiesbaden: VS Verlag.

Luken, M., & Sammons, A. (2016). Systematic review of mindfulness practice reducing job burnout. *American Journal of Occupational Therapy, 70*(2). https://doi.org/10.5014/ajot.2016.016956.

Maidique, M. A. (2012). *The leader's toolbox.* https://lead.fiu.edu/resources/news/archives/the-leaders-toolbox-by-dr-modesto-maidique.html. Zugegriffen: 21. Sept. 2019.

Malik, F. (1984). *Strategie des Managements komplexer Systeme: Ein Beitrag zur Management-Kybernetik evolutionärer Systeme.* Bern: Haupt.

Malik, F. (2014). *Führen Leisten Leben: Wirksames Management für eine neue Welt.* Frankfurt: Campus.

Marturano, J. (2015). *Mindful Leadership: Ein Weg zu achtsamer Führungskompetenz.* Freiburg: Arbor.

McKergow, M., & Clarke, J. (2005). *Positive approaches to change. Applications of solution focus and appreciative inquiry at work.* Cheltenham: Solutions Books.

Mierke, K., & van Amern, E. (2019). *Klare Ziele, klare Grenzen. Teamorientiert Nein-Sagen und Delegieren in der Arbeitswelt 4.0.* Berlin: Springer.

Millar, C. C. J. M., Groth, O., & Mahon, J. F. (2018). Management innovation in a VUCA world: Challenges and recommendations. *California Management Review, 61*(1), 5–14.

Mintzberg, H. (1979). *The structuring of organizations*. Englewood Cliffs: Prentice Hall.

Morgan, G. (2008). *Bilder der Organisation*. Stuttgart: Schäffer-Poeschel.

Müller, H.-E. (2013). *Unternehmensführung*. München: Oldenbourg Wissenschaftsverlag.

Müller Friemauth, F. (2018). Zukunftsforscherisches Management Führen im Futur II *managerSeminare, 240,* 23–29.

Neuhaus, F. (2013). *Angstbewusste Führung: Besser und produktiver arbeiten durch den motivierenden Einsatz von Angst*. Wiesbaden: Springer Gabler.

Niemiec, R. M. (2017). *Character strenghts interventions: A field guide for practitioners*. Göttingen: Hogrefe Publishing.

Nink, M. (2018). *Engagement Index: Die neuesten Daten und Ergebnisse der Gallup-Studie*. München: Redline Wirtschaft.

O'Reilly, C., & Tushman, M. (2008). Ambidexterity as a dynamic capability: Resolving the innovator's dilemma. *Research in Organizational Behavior, 28,* 190–202.

Pearce, C., & Conger, J. (2003). *Shared leadership. Reframing the hows and whys of leadership*. Thousand Oaks: Sage.

Peterson, C., & Seligman, M. E. P. (2004). *Character strengths and virtues: A handbook and classification*. Washington: American Psychological Association.

Piaget, J. (1975). *Nachahmung, Spiel und Traum*. Stuttgart: Klett.

Pinnow, D. F. (2012). *Führen. Worauf es wirklich ankommt*. Wiesbaden: Springer Fachmedien.

Radatz, S. (2018). Disruptive Veränderung. Was folgt aus der digitalen Revolution für Unternehmen & jeden von uns? *Lernende Organisation: Zeitschrift für Relationales Management und Organisation, 105,* 7–12.

Radermacher, I. (2019). Entscheiden in digitalen Zeiten. Die neuen Denkfallen. *managerSeminare, 252,* 54–61.

Reb, J., Narayanan, J., & Chaturvedi, S. (2014). Leading mindfully: Two studies on the influence of supervisor trait mindfulness on employee well-being and performance. *Mindfulness, 5*(1), 36–45.

Reilly, E. C. (2006). The future entering: Reflections on and challenges to ethical leadership. *Educational Leadership and Administration, 18,* 163–173.

Robertson, B. J. (2016). *Holacracy. Ein revolutionäres Management-System für eine volatile Welt*. München: Vahlen.

Rosa, H. (2016). *Resonanz: Eine Soziologie der Weltbeziehung*. Berlin: Suhrkamp.

Roth, G. (2007). *Persönlichkeit, Entscheidung und Verhalten. Warum es so schwierig ist, sich und andere zu ändern*. Stuttgart: Klett-Cotta.

Schein, E. H. (2013). *Humble inquiry: The gentle art of asking instead of telling*. Oakland: Berrett-Koehler.

Schmid, B. (2014). *Systemische Organisationsentwicklung. Change und Organisationskultur gemeinsam gestalten*. Stuttgart: Schäffer-Poeschel.

Seligman, M. E. P., & Petermann, F. (1999). *Erlernte Hilflosigkeit*. Weinheim: Beltz.

Seppälä, E. (2017). *Happiness research shows the biggest obstacle to creativity is being too busy*. https://qz.com/978018/happiness-research-shows-the-biggest-obstacle-to-creativity-is-being-too-busy/. Zugegriffen: 21. Sept. 2019.

Simon, F. B. (2011). *Einführung in die systemische Organisationstheorie*. Heidelberg: Carl-Auer.

Starker, V., & Peschke, T. (2017). *Hypnosystemische Perspektiven im Change Management*. Berlin: Springer Gabler.

Stogdill, R. M. (1974). *Handbook of leadership: A survey of theory and practice*. New York: Free Press.

Sulz, S., Hauke, G., Kress, B., & Graf, C. (2013). Mit den Emotionen gehen. *Zeitschrift für Organisationsentwicklung, 3,* 36–43.

Taleb, N. N. (2013). *Antifragilität: Anleitung für eine Welt, die wir nicht verstehen*. München: Knaus.

Tedeschi, R. G., & Calhoun, L. G. (1995). *Trauma and transformation: Growing in the aftermath of suffering*. Thousand Oaks: Sage.

Tegmark, M. (2017). *Life 3.0: Being human in the age of artificial intelligence*. New York: Knopf.

Thau, S., Bennett, R. J., Mitchell, M. S., & Mitchell, M. B. (2008). How management style moderates the relationship between abusive supervision and workplace deviance: An uncertainty management theory perspective. *Organizational Behavior and Human Decision Processes, 108*(1), 79–92. https://doi.org/10.1016/j.obhdp.2008.06.003.

Trebien. (2014). *AUGENHÖHE – Film und Dialog*. https://www.startnext.com/augenhoehe-der-film?inc_id=70471. Zugegriffen: 21. Sept. 2019.

Tucker, A. L., Nembhard, I. M., & Edmondson, A. C. (2007). Implementing new practices: An empirical study of organizational learning in hospital intensive care units. *Management Science, 53*(6), 894–907.

Van der Steege, M. (2017). Introduction. In R. Elkington, M. van der Steege, J. Glick-Smith, & J. M. Breen (Hrsg.), *Visionary leadership in a turbulent world. Thriving in the new VUCA context* (S. 1–12). Bingley: Emerald Publishing.

Vašek, T. (2016). Die Zeit der Helden ist vorbei. *Hohe Luft Spezial, 4,* 6.

von Ameln, F. (2018). *Führung und Beratung: Kognitive Landkarten durch die Welt der Führung für Coaching, Supervision und Organisationsberatung*. Göttingen: Vandenhoeck & Ruprecht.

Weck, A. (2019). *Die besten Chefs der Welt tun diese 10 Dinge – Laut Google*. https://t3n.de/news/google-beste-chefs-projekt-oxygen-1172456/. Zugegriffen: 21. Sept. 2019.

Weibler, J. (2016). *Personalführung*. München: Vahlen.

Winter, D. G. (2002). The motivational dimensions of leadership: Power, achievement, and affiliation. In R. E. Riggio, S. E. Murphy, & F. J. Pirozzolo (Hrsg.), *Multiple intelligences and leadership* (S. 119–138). Mahwah: Erlbaum.

Printed in the United States
By Bookmasters